Detlef Scholz

#Familie – Entspannter Umgang mit digitalen Medien

2016

Umschlaggestaltung: Uwe Göbel
Umschlagfoto: © Rimma Zaytseva – 123rf.com
Satz: Verlagsservice Hegele, Heiligkreuzsteinach
Printed in Germany
Druck und Bindung: CPI books GmbH, Leck

MIX
Papier aus verantwortungsvollen Quellen
FSC www.fsc.org
FSC® C083411

Mehr Bäume. Weniger CO_2.
www.cpibooks.de/klimaneutral

Erste Auflage, 2016
ISBN 978-3-8497-0145-1 (Printausgabe)
ISBN 978-3-8497-8048-7 (ePUB)
ISBN 978-3-8497-8034-0 (PDF)

Bibliografische Information der Deutschen Nationalbibliothek:
Die Deutsche Nationalbibliothek verzeichnet diese Publikation in der Deutschen Nationalbibliografie; detaillierte bibliografische Daten sind im Internet über http://dnb.d-nb.de abrufbar.

Informationen zu unserem gesamten Programm, unseren Autoren und zum Verlag finden Sie unter: **www.carl-auer.de**.

Wenn Sie Interesse an unseren monatlichen Nachrichten aus der Vangerowstraße haben, können Sie unter http://www.carl-auer.de/newsletter den Newsletter abonnieren.

Carl-Auer Verlag GmbH
Vangerowstraße 14
69115 Heidelberg
Tel. +49 6221 6438-0
Fax +49 6221 6438-22
www.carl-auer.de

Inhalt

Log-in: Einstimmung

Im Grunde ist Medienerziehung einfach – zumindest so einfach, wie bewusste elterliche Erziehung eben sein kann. Liebe, Zuwendung, Interesse, Offenheit und Lebenslust vorausgesetzt, lassen sich auch unter schwierigen Bedingungen angemessene Entscheidungen treffen.

Seien Sie also einfach zugewandt, interessiert, liebevoll, verantwortungsbewusst, humorvoll, selbstkritisch, authentisch, konsequent, offenherzig und was Ihnen sonst noch als gute Empfehlung für eine wunderbare Elternpersönlichkeit einfällt. Das mag banal klingen, ist aber von enormer Bedeutung.

Vielleicht ist ja auch die entscheidende Frage das *Wie*:

- Wie schaffe ich es als Elternteil, meinem Kind gegenüber überwiegend zugewandt, interessiert, liebevoll ... zu sein?

Und diese Frage hat dann mindestens zwei Aspekte. Der erste bezieht sich auf unser eigenes Selbst:

- Ist es überhaupt möglich, dass wir in nahezu allen Situationen so vorbildlich handeln können?
- Wie können wir erkennen, was von dem, was wir uns von uns selbst wünschen, beim anderen ankommt (v. a. beim Kind bzw. beim Partner)?
- Was könnten wir ggf. an unserer Persönlichkeit, unseren Beziehungen, unseren Wirkungen ändern? Auf welche Weise?

Der zweite Aspekt bezieht sich auf unser Kind:

- Was kann es von uns wahrnehmen? In welcher Form geschieht das in der Regel?
- Welche Hypothesen stellt es vor dem Hintergrund seiner Erfahrungen über sich auf?

- Welche Hypothesen verfestigen sich durch die Art meiner Kommunikation?
- Wie wird das Kind meine Worte interpretieren?

Um den Blick in diese Richtung etwas zu weiten, möchte ich zu einigen Beobachtungsexperimenten und Familienspielereien anregen. In Bezug auf den Umgang mit Medien in der Familie braucht man eine Reihe von Entscheidungshilfen.

Wenn Sie sich mit den entscheidenden Fragen zu Ihrem eigenen Handeln beschäftigen, erfahren Sie mit etwas Mut quasi nebenbei eine Menge über sich selbst. Kaum irgendwo sonst lernen wir so viel über uns selbst wie in der Interaktion mit unseren Kindern.

Eigentlich hätte auf dem Umschlag noch stehen können: *Achtung, kein Ratgeber!* Aber vielleicht wäre das noch nicht einmal ganz richtig. Denn natürlich soll Ihnen dieses Buch neue Perspektiven ermöglichen, hilfreiche Erfahrungen vermitteln und inspirierende Alternativen aufzeigen. Nach einer kurzen Beschreibung von Beobachtungen und Erkenntnissen sollen jeweils anregende Fragen zu eigenen Ideen führen.

Achtung: Gönnen Sie sich zwischen diesen Frageblöcken ausreichend Zeit! Es geht nicht darum, alle Fragen möglichst schnell »abzuarbeiten«. Lassen Sie sich vielmehr einladen, über Dinge nachzudenken, über die Sie so noch nie nachgedacht haben. Wählen Sie einzelne Fragen aus, die Sie ansprechen und inspirieren, und beobachten Sie in aller Ruhe, was in Ihrer Gedankenwelt geschieht!

Manchmal werden kurze Beispiele beschrieben, die das Dargestellte konkretisieren bzw. illustrieren. Wer darüber hinaus noch Interesse an packenden Alternativen zur Mediennutzung für die kleinen Helden hat, kann sich vom *Heldentraining* am Ende des Buches inspirieren lassen. Sie halten also keinen Ratgeber in den Händen, sondern ein »Anregungsbuch«.

Kinder und Jugendliche auf einen nachhaltig hilfreichen Umgang mit digitalen Medien vorzubereiten ist unbestreitbar eine besonders wichtige Erziehungsaufgabe. *Wie* das geschehen sollte – darüber lässt sich heftig streiten. Die Behandlung dieser Frage in den Massenmedien trägt nur bedingt zur Orientierung bei.

Ein Umstand macht die Sache besonders knifflig: Der Umgang mit digitalen Medien ist in der Menschheitsgeschichte der erste Bereich, der von der Elterngeneration nicht hinreichend ausgelotet werden kann. Die rasante technische Entwicklung und die ständig zunehmenden medialen Angebote lassen auch nicht erwarten, dass dies in absehbarer Zukunft anders werden wird. Wir bewegen uns also in einer (virtuellen) Umgebung, die wir selbst nur punktuell kennen, und sollen unseren Kindern dennoch Führung und Orientierung bieten?

- Würden wir uns von einem Guide durch die marokkanische Wüste führen lassen, der zwar einige Oasen kennt, aber den Weg noch nie gegangen ist?

Wo sich die mediale Welt ständig verändert, müssen auch Handlungs- und Verhaltensweisen immer wieder angepasst werden. Es wäre also nicht sinnvoll, Ihnen konkrete Strategien für den Umgang mit bestimmten virtuellen Angeboten zu empfehlen.

Hilfreicher erscheint es, die Beziehungen in der Familie ehrlich zu erforschen und der Frage nachzugehen, wie sie von den benutzten Medien beeinflusst werden.

In der Medienerziehung zeigt sich manchmal wie in einem Brennglas, dass eine didaktisch durchdachte Kindererziehung nicht immer wirklich funktioniert. Ein rationales Durchdenken von Situationen, auf die wir dann im Bedarfsfall überlegt und kindorientiert reagieren, führt leider nur selten dauerhaft zu den gewünschten Ergebnissen. Sicher kann die eine oder andere Situation entschärft werden, und vielleicht lassen sich sogar hilfreiche Rituale etablieren. Letztlich entscheidend sind jedoch die emotionalen Impulse.

- Können wir dem Kind oder Jugendlichen vermitteln, dass wir uns dafür interessieren, wie es ihm geht und wie es eine bereichernde Beziehung zur Welt aufbauen kann?

Letztlich wird sich ein Kind so lange »interessant« verhalten, bis sein Bedürfnis an Zuwendung und Entwicklung seiner Autonomie gestillt ist. Und es lernt vor allem von unseren Beziehungen: den Beziehungen zu uns selbst, zu unseren Partnern, zu unseren Eltern, unseren Freunden und Bekannten und zur Welt. Die entscheidende Erziehungsfrage heißt also:

Wie geht es uns mit uns selbst (und unserer Familie)?

- Wie entscheiden wir, welche Tätigkeiten uns guttun?
- Welche Hoffnungen verbinden wir mit dem, was wir tun?
  Mit welchen Zielen tun wir, was wir tun?
- Welches Interesse haben wir an unseren Mitmenschen?
- Welche Ängste sind unsere (ständigen) Begleiter?
  Wie haben wir unsere Ängste gebändigt?
- Wie neugierig sind wir auf uns selbst und die Welt?
- Wo finden wir Liebe, und wie erleben wir sie?
- Worin erkennen wir den Sinn unseres Lebens?

Sie merken schon: Hier geht es vor allem um Sie. Und deshalb ist es gut, dass *Sie* das hier lesen und nicht Ihre Kinder – aber die haben ja wahrscheinlich ohnehin gerade etwas Besseres zu tun …

Als Log-in für die nachfolgenden Ausführungen und Anregungen habe ich unsortiert einige häufig gestellte Fragen zusammengetragen. Vielleicht kommt Ihnen die eine oder andere bekannt vor.

Die anschließenden Bemerkungen stellen so etwas wie einen Antwort-Auftakt dar. Vollends verstehbar werden sie erst durch den nachfolgenden Text.

Was auch Sie sich vielleicht manchmal fragen:

- Wie schlimm ist es, dass ich keine Lust habe, mich intensiv mit digitalen Medien auseinanderzusetzen?
- Warum nervt mich das ständige Geplinke durch WhatsApp oder SMS auf dem Handy meines Kindes?
- Wie kann ich wissen, ob die intensive Nutzung gut oder schädlich für mein Kind ist – auch auf lange Sicht?
- Sollte ich Nutzungszeiten festlegen oder die Geräte einfach abschalten bzw. entfernen?
- Wie kann ich mein Kind hilfreich begleiten?
- Wie kann ich meinem Kind meine Bedenken, Sorgen und Ängste verständlich machen?
- Können unterschiedliche Haltungen zur Mediennutzung zwischen meinem Partner und mir für unser Kind zu einer günstigen Rahmenbedingung werden?
- Kann und sollte ich noch versuchen, Einfluss zu nehmen, wenn mein Kind schon über 16 ist?

Einige grundsätzliche Antworten und Hinweise:

1) Das Wichtigste sind der Kontakt, die Verbindung, die regelmäßige Kommunikation und das Verständnis für die Anforderungen, denen sich Ihr Kind ausgesetzt sieht. Für Sie als Eltern ist es bedeutsam, dass Sie sich die grundsätzlichen Motive und den emotionalen Gewinn von Ihrem Kind beschreiben lassen und versuchen, es zu verstehen. (Dafür ist es egal, wie das Internet und die entsprechenden Geräte funktionieren.)
2) Es ist hilfreich, wenn Sie Ihren eigenen Umgang mit Computer, Internet, Tablet, Smartphone und Fernseher für sich prüfen.
3) Gemeinsame Regeln mit entsprechenden Konsequenzen können in der Familie auch auf lustvolle Weise festgelegt werden: *für* ein schönes Miteinander und Leben – *nicht gegen* die Medienwelt.
4) Der regelmäßige Austausch darüber, welche virtuellen und realen Neuentdeckungen gut und angenehm waren und wie

die Rahmenbedingungen für eine förderliche Entwicklung gestaltet werden können, ist sehr nützlich.

Was ist okay?

Sie sind oft froh, wenn Ihre Tochter oder Ihr Sohn mal länger ruhig vor dem PC, Tablet, Smartphone, der Spielkonsole oder dem Fernseher sitzt?

Es ist okay (im Moment).

Sie können selbst kaum auf Ihr Smartphone verzichten – selbst während der Mahlzeiten liegt es neben dem Teller. Nachrichten beantworten Sie sofort.

Es ist okay (im Moment).

Ihre Kinder schauen beim Essen öfter auf ihr Smartphone oder Tablet als auf ihren Teller oder ihr Gegenüber.

Es ist okay (im Moment).

Ihre Mutter hat Sie schon öfter darauf hingewiesen, dass Ihr Kind viel zu oft vor einem Bildschirm sitzt.

Vergessen Sie's (im Moment).

Ihr Partner sieht die Mediennutzung der Kinder völlig entspannt (wahlweise: unentspannt).

Vergessen Sie's (im Moment).

Das Einzige, was im Moment zählt, ist: was *Sie* wollen. Sie sollten sich über Ihre eigenen Ziele und Wünsche im Klaren sein. Führen Sie den kleinen Moment-Check durch und beschreiten Sie dann konsequent den Weg, der Sie zum Ziel führt.

Medialer Moment-Check

1) Wie viel Zeit verbringe ich selbst in meiner Freizeit mit digitalen Medien?
2) Was tue ich genau?
3) Wann und wie lange tue ich es?
4) Warum tue ich es mit digitalen Medien?
5) Was ist für mich das Bereichernde an meiner Mediennutzung?

Führen Sie den Moment-Check auch für den Partner und Ihr Kind durch!

1) Wie viel Zeit verbringt mein Partner in seiner Freizeit mit digitalen Medien?
2) Was tut er genau?
3) Wann und wie lange tut er es?
4) Warum tut er es mit digitalen Medien?
5) Was ist für ihn das Bereichernde an seiner Mediennutzung?

1) Wie viel Zeit verbringt mein Kind in seiner Freizeit mit digitalen Medien?
2) Was tut es genau?
3) Wann und wie lange tut es das?
4) Warum tut es das mit digitalen Medien?
5) Was ist für mein Kind das Bereichernde an seiner Mediennutzung?

Welche Wünsche und Ziele haben Sie in Bezug auf Ihre Familie für die nächsten 12 Monate?

Mögliche Ziele und Wünsche:	
wieder entspannt miteinander reden können	
mehr gemeinsame Zeit miteinander verbringen	
bessere Leistungen in der Schule	
wieder mehr Aktivitäten mit Freunden	
wieder mehr Interessen verfolgen (Sport, Musisches, Wissen)	
Medienzeiten verringern	
andere Medienaktivitäten	
…	

Und zum Abschluss des Log-ins folgen hier meine Favoriten für ein lustvolles Familienleben im Internetzeitalter.

Grundvoraussetzungen für einen günstigen Umgang mit den Medien:

- reichhaltige, lebendige Beziehungen (Partner, Kinder, Familie, Freunde)
- Authentizität und (Selbst-)Ehrlichkeit
- echtes Interesse am Kind und an der Welt
- Medienauswahl und das Maß der Nutzungsintensität müssen immer wieder neu angepasst werden.

1 Die Thesen

1.1 Zum Leben gehört Lust

Jugendliche entdecken ihre Begeisterungsfähigkeit nicht selten dann wieder, wenn sie eine Vorstellung davon bekommen, welche Möglichkeiten sich ihnen im Internet bieten – eine großartige und wichtige Erfahrung.

Wann fühlen wir uns so richtig lebendig? Wann spüren wir das Schöne und Wunderbare des Lebens besonders? Oftmals dann, wenn uns etwas so richtig begeistert. Und diese Begeisterung ist oft an einen Lerneffekt gekoppelt – eine sehr sinnvolle Verknüpfung, die die Natur für uns eingerichtet hat, da wir auf diese Weise immer bestrebt sind, uns zu entwickeln und unsere Fähigkeiten zu erweitern.

Jede Mutter, jeder Vater kennt die Begeisterung des eigenen Kindes, wenn ihm die ersten Schritte gelungen sind. Trotz der vielen missglückten Versuche und kleinen Stürze wird es immer wieder aufstehen und es von Neuem probieren. Und jeder weitere geglückte Schritt entlockt ihm ein erfülltes Jauchzen. Das Kind spürt, dass ihm die neue Fortbewegung einen entscheidenden Vorteil gegenüber dem bisherigen Krabbeln und Kriechen verspricht. Die Möglichkeit, jeden Punkt seiner Umgebung zu erreichen, ist ein verlockendes – hierbei noch unbewusstes – Ziel. Durch dieses neue Körpergefühl verstärkt sich das positive Erleben.

Eigentlich könnte es nun ein Leben lang so weitergehen. Wir entdecken etwas, das wir gern können oder besser verstehen wollen, und investieren mit Begeisterung Zeit und Energie, bis sich unsere Fähigkeiten oder unser Verständnis erweitert haben. Allerdings gibt es Bedingungen, die diesen Prozess behindern.

Dazu gehören regelmäßige Frustrationen und permanent erlebte Abwertungen. (Manche Forscher meinen, es gäbe einen markanten Zeitpunkt, ab dem diese Irritationen in unserer Gesellschaft besonders massiv auftreten: die Einschulung.)

Wenn wir nicht mehr selbst bestimmen dürfen, was wir in welchem Tempo und mit welchem Ziel gerade lernen wollen, nimmt die Begeisterung kontinuierlich ab – es sei denn, wir vertrauen den Menschen, die meinen, dass das jetzt für uns gerade richtig ist, und tun es dann vor allem ihnen zuliebe.

Vielleicht kennen Sie es von sich selbst: Vermag der Alltag Ihres Berufs, den Sie sich so gewünscht hatten, Sie immer weniger zu begeistern? Mitunter liegt das an der fehlenden Perspektive, sich selbstbestimmt weiterzuentwickeln.

Und manchmal gibt es diese Momente, in denen wir dieses fast schon verloren geglaubte Gefühl wieder mit ganzer Macht spüren. Es durchströmt unseren Körper bis in die letzten Verzweigungen – wohlig und wärmend, inspirierend und sinnstiftend. Entdecken wir beispielsweise unsere Begabung, kreativ zu sein (zu malen, zu singen, zu fotografieren, etwas zu bauen oder zu bildhauern), kann uns das unglaublich begeistern. Dabei macht uns der Prozess Spaß und das Ergebnis bereitet auch anderen Freude. Und wir können unsere Fähigkeiten immer weiter entwickeln. Ähnliches gilt für viele andere Hobbys: Reiten, Surfen, Fußball, Tischtennis, Golfen, Speedminton … oder jede sonstige Art von Freizeitsport.

Jugendliche entdecken ihre Begeisterungsfähigkeit nicht selten dann wieder, wenn sie eine Vorstellung davon bekommen, welche Möglichkeiten sich ihnen im Internet bieten. Dies ist eine großartige und wichtige Erfahrung. Wir als Eltern sind mitverantwortlich dafür, dass unsere Kinder so viel Begeisterndes wie möglich erleben. Die dadurch erzeugte Lebendigkeit sollte möglichst tief greifend und andauernd sein. Das lässt sich nur erreichen, wenn die Aktivitäten vielfältig und ausgewogen bleiben – und wenn die manchmal aus einer anfänglichen Begeisterung erwachsende Leidenschaft andere wichtige Lebensbereiche nicht verdrängt und so mitunter den Boden für eine Suchtentwicklung bereitet.

Auch der noch so begeisterte Reiter wird nicht täglich zwölf Stunden auf seinem Pferd verbringen. Ein passionierter Maler wird nicht täglich malen, sondern sich immer wieder auch durch anderes inspirieren lassen. Ein Surfer kann Balance und Kraft auch trainieren, wenn Wind und Wellen fehlen, um dann beim nächsten Mal noch kompetenter auf sein Board zusteigen.

Fazit

Unsere Aufgabe als Eltern ist es also zum einen zu verstehen, was unsere Kinder begeistert. Zum anderen ist es hilfreich, auf ein ausbalanciertes Handeln unserer Kinder zu achten und so ihre Lebendigkeit zu erhalten (die massive Fixierung auf eine Aktivität macht i. d. R. vulnerabel – also psychisch anfällig).

Nichts wirkt auf Kinder nachdrücklicher, als wenn den Eltern genau das für sich selbst gelingt. Dann erleben Kinder ihre Eltern oft als glückliche Menschen und bekommen eine Ahnung davon, was Glück für sie selbst bedeuten könnte.

1.2 Wir brauchen Mut zum Glück

Kinder brauchen für ihre glückliche und glückende Entwicklung die Unmittelbarkeit sinnlicher Erfahrungen.
Sie brauchen Freiheit als Sprungbrett zum Abenteuer, um mit ihren Ängsten umgehen zu lernen und ihren Mut zu stählen.

Nun ist das mit dem Glück so eine Sache. Zumal im Deutschen noch nicht einmal sprachlich zwischen dem Zufallsglück – wenn wir z. B. bei einer Lotterie gewinnen – und dem Lebens- oder Zufriedenheitsglück unterschieden wird. Hier ist natürlich Letzteres gemeint.

Dieses Glück kommt eben leider nicht zufällig, sondern ist an eine Reihe von Umständen und Bedingungen geknüpft. Das Gute ist: Vieles davon können wir beeinflussen.

Die aktuelle Glücksforschung plädiert an erster Stelle für Aktivität, da geistiger Stillstand schlechte Laune macht. Jeder sollte soziale Bindungen in Freundschaft, Partnerschaft und Familie konsequent pflegen und mitunter immer wieder neu initiieren. Auch regelmäßige ausgewählte Genüsse gehören zu einem glücklichen Leben. Die eigenen Erwartungen sollten möglichst realistisch ausfallen – Überforderung führt zu ungutem Stress, Unterforderung hingegen auf Dauer zu Lethargie, Frustration und Depression.

Eine möglichst günstige Bewertung der eigenen Empfindungen mit einer gesunden Portion Selbstironie führt zu guten Gedanken. Dazu hilft ein Glückstagebuch, in das die schönen Momente eines Tages eingetragen werden. Das Vergleichen mit anderen hingegen erzeugt zuverlässig Frust und Unlust.

Ungleich schwerer ist der gelassene Umgang mit Unglück zu realisieren – wer mit unveränderbaren Umständen hadert, macht sich meist noch unglücklicher. Wem es hingegen gelingt, sich z. B. während der Arbeit angenehme und befriedigende Momente bewusst zu machen, stärkt sein Autonomie- und Loyalitätsempfinden gleichermaßen und sichert sich damit eine zuverlässige Quelle der Freude. Auch Achtsamkeits- oder Meditationsübungen tragen zur Entwicklung der Fähigkeit bei, Glück zu empfinden.

Kinder brauchen für ihre glückliche und glückende Entwicklung die Unmittelbarkeit sinnlicher Erfahrungen: Berührungen, Blickkontakte, Hören von Vertrautem, Schmecken, Riechen … Sie brauchen Freiheit als Sprungbrett zum Abenteuer, um mit ihren Ängsten umgehen zu lernen und ihren Mut zu stählen. Durch das Erleben von Abenteuern stärken sie ihre Widerstandskraft. In der Natur herrscht ein großes Maß an Freizügigkeit – hier können Kinder sich selbst ganz authentisch erleben und in den Beziehungen zu Pflanzen und Tieren intuitiv eine Verbundenheit spüren. Darüber hinaus ist die Natur ein Raum für Begegnungen mit anderen Menschen. Natur ist also Freiraum, Spielraum, Entdeckungsraum, Gestaltungs-,

Selbsterfahrungs- und Rückzugsraum – alles, was Kinder suchen und brauchen.

In der heutigen Zeit scheint es immer schwieriger, Kindern natürliche Erfahrungen zu ermöglichen. Dennoch sollten wir alle verfügbaren Möglichkeiten nutzen: die ausgedehnten Parks in den Großstädten, die Stadtränder mit ihren angrenzenden Wäldern und Wiesen, die kleinen Ausflüge am Wochenende.

Passiver Konsum kann nie zu dauerhaftem Glückserleben führen. So werden sich unter den Dauerfernsehschauern nur wenige wirklich Glückliche finden lassen.

Bei den interaktiven Internetnutzern sieht das für eine Weile ganz anders aus. Vieles des oben Beschriebenen lässt sich auf virtueller Ebene durchaus realisieren – und das zudem viel weniger anstrengend, dafür umso ermutigender und umfassender als in der Wirklichkeit. So wirken exzessive Mediennutzer eine Zeit lang durchaus glücklich. Dieses Empfinden ändert sich erst, wenn das Agieren zu einseitig wird und nahezu alles Erleben ohne Beteiligung des Körpers stattfindet. Da sich diese Veränderung sehr allmählich vollzieht, können intensive Internetnutzer kaum erkennen, warum sie immer unglücklicher werden, obwohl sie doch eigentlich immer noch genau das tun, was sie so oft glücklich werden ließ.

Dann ist die Zeit gekommen, etwas zu verändern. Und diese Veränderung braucht Mut. Viel Mut, da viele der Kompetenzen verkümmert sind, die für die haptische Welt notwendig sind. Einiges muss ganz neu eingeübt werden, anderes wird nur aufgefrischt. Für eine gelingende Änderung des eigenen Erlebens muss man also schließlich auch tätig werden.

Fazit

Glück macht eine Menge Arbeit. Es erfordert immer wieder den Mut, die eigenen Grenzen neu auszuloten, bisher nie Versuchtes auszuprobieren und sich für andere zu öffnen. Erst im aktiven, authentischen und ehrlichen Miteinander werden wir ganz zu glücklichen Menschen.

1.3 Die Beziehungen entscheiden

Wenn wir unterscheiden wollen, ob die exzessive Mediennutzung unseres Kindes eher eine ungünstige Kompensationsstrategie oder wichtiger Bestandteil seines Selbstfindungsprozesses ist, gelingt uns das nur, indem wir uns die gelebten Beziehungen unserer Kinder anschauen.

In unserem Leben ist nur weniges so prägend wie die frühen Bindungserfahrungen. Die Gestaltung unserer ersten Beziehungen – zur Mutter, zum Vater – wird sich auf viele nachfolgende Beziehungen auswirken, zuallererst und vielleicht am intensivsten auf die Beziehung zu uns selbst. Sie beeinflusst die Entwicklung unseres Selbstgefühls – der Fähigkeit, sich selbst zu fühlen, sich zu kennen und unserer inneren Haltung dazu. Für ein gesundes Selbstgefühl müssen wir lernen, alle inneren Helden zu integrieren: den Separatisten (der mich auf Abstand hält und auf alle Konventionen pfeift), den Loyalisten (der alles für andere tun würde), den Skeptiker, den Ungestümen, den Einsamen …

Wenn wir im Familienkreis wenig Achtung und Wertschätzung erfahren haben, fällt uns der Aufbau von Selbstachtung und Selbstwertgefühl schwerer. Diese Selbstachtung wiederum ist entscheidend für die Entwicklung der vielen möglichen Beziehungen, die im Laufe eines Lebens zustande kommen können. Je weniger wir erleben, dass uns der Aufbau von Beziehungen glückt, desto mehr zweifeln wir an unserem eigenen Wert. Manchmal suchen wir dann nach Wegen, das schmerzliche Fehlen einer harmonischen Selbstbeziehung zu kompensieren.

Dafür sind uns viele Mittel recht. Der eine stürzt sich grenzenlos in Arbeit: Er kann sich also schon aus – für alle nachvollziehbaren – Zeitgründen weder mit sich selbst noch mit anderen befassen. Ein anderer pflegt ein Hobby wie Zierfischzucht oder Bodybuilding bis zum Exzess. Ein Dritter entdeckt das Rauchen,

Fernsehen oder den Alkohol als probates Mittel, um die eigentlich anstehende Beziehungsarbeit auszublenden.

Bei unseren Kindern kann eine (zeitweise) exzessive Mediennutzung genau demselben Zweck dienen. Sie kann jedoch genauso gut ein wichtiger Bestandteil des Selbstfindungs- und Entwicklungsprozesses sein. Das zu unterscheiden, gelingt uns als Eltern nur, wenn wir uns die gelebten Beziehungen unserer Kinder anschauen.

Man sollte sich also zuerst – so ehrlich wie möglich – fragen:

- Von welcher Art ist die Beziehung zu meinem Kind im Moment?
- Wie oft freue ich mich, es zu sehen? Wie schnell bin ich genervt?
- Wie genau beobachte ich, wie es sich gerade fühlt?
- Wie rede ich über mein Kind mit meinem Partner, mit Verwandten, mit Freunden?
- Was schätze ich an meinem Kind besonders?
- Wie oft habe ich in den vergangenen Tagen mit meinem Kind gelacht?
- Wie gestresst fühle ich mich, wenn ich an mein Kind denke?
- Wie stark interessiere ich mich für die Gedanken meines Kindes?
- Auf welche Weise hat das Zusammenleben mich verändert?
- Über welche Veränderung bin ich besonders glücklich?
- Welche Beziehung werde ich in zehn Jahren zu meinem Kind haben? Was könnte mein Kind im Moment darüber denken?

Gleichzeitig sollten wir versuchen, darauf zu schauen, wie das Kind die genannten Aspekte erlebt:

- Spürt es beispielsweise genau, was ich an ihm schätze?
- Kann es mein wohlwollendes Interesse an ihm erkennen?
- Wird es trotz aller Reibereien immer wieder an das Glück erinnert, das sich für mich durch sein bloßes Dasein erfüllt?

Indirekt können wir auch einen Eindruck von der Beziehung unseres Kindes zu sich selbst gewinnen:

- Wie selbstsicher tritt es auf und wie leicht lässt es sich verunsichern?
- Wie geht es mit seinen Ängsten – z. B. vor dem Tod und vor dem Verlassenwerden – um?
- Wie interessiert ist es an anderen Menschen?
- Für welche Erscheinungen in der Natur und in der Gemeinschaft interessiert es sich?
- Für welche Dinge kann es sich begeistern?
- Wie geht es mit sich um, wenn ihm etwas gelingt oder misslingt?
- Unter welchen Umständen holt es sich von wem Hilfe?

Und nicht zuletzt können wir uns die von unserem Kind frei gewählten Beziehungen anschauen – zu Gleichaltrigen, zu Älteren und zu Jüngeren:

- Auf welche Weise ist die jeweilige Beziehung entstanden?
- Was hat mein Kind bewogen, genau diese Beziehung besonders zu pflegen?
- Welche Hoffnung, welchen Wunsch verbindet es damit?
- Wie wichtig wäre eine Erfüllung dieses Wunsches für seine weitere Entwicklung?
- Wie offen und aktiv zeigt sich mein Kind in der jeweiligen Beziehung?
- Wie spricht es zu anderen über diesen Menschen? Wie spricht es über die jeweilige Verbindung?

Gelangen Sie letztlich zu der Erkenntnis, dass Ihrer Tochter oder Ihrem Sohn in Bezug auf die benannten Beziehungen vieles glückt, ist es eher unwahrscheinlich, dass Ihr Kind die Medien nutzt, um etwas zu kompensieren. Zeigt sich hingegen insgesamt eine für den Moment eher ungünstige Beziehungsgestaltung, lohnt es sich zu fragen:

- Gab es einen Zeitpunkt, von dem an sich eine solche Entwicklung abzeichnete?
- Stand mitunter ein einschneidendes Ereignis am Beginn dieser Entwicklung?
- Fällt die Intensivierung des Medienkonsums möglicherweise in diese Anfangsphase?

Vieles von dem, wie wir selbst mit uns und unseren Mitmenschen umgehen, überträgt sich nahezu zwangsläufig auf unsere Kinder. Wenn wir alle oben genannten Fragen erst einmal auf uns selbst beziehen, werden uns die Antworten für unsere Kinder leichter fallen. Hier sind also einmal mehr unser Mut und Wille zur Selbsterkenntnis gefragt. Als Belohnung für diese Anstrengung wartet das Erkennen unserer selbst – zum Glück eines der spannendsten Dinge im Leben.

Fazit

Wir können versuchen, weitgehend verlässliche, authentische und feinfühlige Beziehungen mit emotionaler Zuwendung, vielfältigen Anregungen und angemessener Grenzziehung zu leben. Dann fühlen wir uns gut und vermitteln unseren Kindern Geborgenheit, sodass ihr Forscherdrang aktiv werden kann. Dieser Trieb, aus sich heraus wirksam zu sein, ist die Grundlage der Entwicklung – der Drang zur Selbsttätigkeit ist die Voraussetzung für Lernprozesse.

1.4 Den richtigen Umgang mit Medien kann man nicht googeln

Zeigen Sie, wie Sie für sich Lust und Freude am Leben erzeugen. Ein Kind, das die überbordende Fröhlichkeit und tiefe Ausgeglichenheit seiner Eltern erlebt, wird die Quelle dieser wunderbaren Zustände herausfinden wollen.

Was ist die grundlegende Voraussetzung für den selbstbestimmten und langfristig konstruktiven Umgang mit Bildschirmmedien in der Freizeit? Es ist die Fähigkeit, entscheiden zu können, wann und in welchem Maße die Nutzung in der jeweiligen Situation angemessen und sinnvoll ist. Mal ist sie ein adäquates Mittel zur Entspannung und zum Stressabbau, mal zur Unterhaltung, mal dazu, eine Beziehung zu pflegen, die eigenen Spielfertigkeiten zu verbessern oder die Planung einer Urlaubsreise zu erleichtern, mal dient sie zur Recherche interessanter Themen oder zur Entwicklung einer Strategie, wie man bestimmte Probleme lösen kann.

Um dies abschätzen zu können, muss ich die Wirkung auf mich im Vergleich zu anderen Alternativen kennen. Das bedeutet, dass ich eine Reihe von Handlungsmöglichkeiten erlebt haben und erleben können muss. Die entscheidende Kompetenz, welche hilfreichen Mittel man wählt, lässt sich gerade nicht durch eine stetige Mediennutzung lernen.

Kinder, die sich in einer technisierten Welt zurechtfinden sollen, müssen sich erst einmal dort zu Hause fühlen, wo Menschen seit Urzeiten ihr Habitat hatten: unter freiem Himmel – im Umgang mit Feuer, Wasser, Luft und Erde. Unmittelbare Erfahrungen verbinden die Sinne mit der Seele.

Für alle kommerziellen Internetanbieter ist es wichtig, möglichst viele Nutzer möglichst lange zu binden. Nur so lassen sich höhere Werbeeinnahmen bzw. Verkaufszahlen generieren. Jede Seite führt durch Links zu neuen Seiten mit neuen Informationen, die noch wichtiger als die vorigen sein könnten. Jeder Kauf erzeugt eine personifizierte Werbung, die regelmäßig ähnliche Produkte vorschlägt. Onlinespiele locken mit terminierten Bonusaktionen und geben regelmäßig Hinweise auf Erweiterungen und weitere Spieloptionen. Wenn Kinder sich von klein auf in dieser optimierten Erlebniswelt bewegen und die gelebten Beziehungen entsprechend vernachlässigt werden, wirkt dieser Konsum i. d. R. nicht förderlich.

Kinder und Jugendliche haben jedoch mitunter das Gefühl, dass es in der realen Welt nichts gibt, das eine gleichwertige Alternative zum Agieren in der virtuellen Welt darstellt. Viele Eltern sind dann schnell in der Versuchung, darauf hinzuweisen, wie viel Spaß dem Sohn doch früher das Fußballspielen oder der Tochter das Reiten gemacht hat. Und sie ermuntern ihre Kinder dazu, rauszugehen und Freunde zu treffen, oder sie bieten einen tollen Ausflug ins Grüne oder in die nächstgrößere Stadt an.

Auch wenn sich manche Kinder auf solche gut gemeinten Vorschläge einlassen, dient dies allzu oft nur dazu, den Familienfrieden kurzzeitig wiederherzustellen. An der grundsätzlichen Haltung ändert sich dadurch meist nichts.

Hilfreicher ist es zu zeigen, woran Sie selbst Lebenslust und Freude verspüren. Ein Kind, das mal die überbordende Fröhlichkeit und mal die tiefe Ausgeglichenheit seiner Eltern erlebt, wird die Quelle dieser wunderbaren Zustände herausfinden wollen. Wenn in der Familie von Zeit zu Zeit in einer für Kinder bzw. Jugendliche angemessenen Weise über Empfindungen und Gedanken gesprochen wird, hilft das dem Kind, seine eigenen Gefühle besser zu verstehen.

Eltern, die immer mal wieder lebhaft von ihren eigenen Kindheits- und Jugenderinnerungen erzählen, animieren die Kinder – mitunter unbewusst, aber oft nachhaltig –, Ähnliches erleben zu wollen.

So erhöht sich auch die Chance, dass Kinder eine Vielzahl von Möglichkeiten entdecken, wie sie ihre täglichen Ängste verringern und die inneren Dämonen zähmen können. Sobald das Gefühl entsteht, dies könne nur mithilfe des Internets gelingen, wird es ungleich schwerer, den jugendlichen Nutzer für Alternativen zu begeistern.

Nicht zuletzt werden gerade in der Kindheit und Jugend Kompetenzen erworben (oder eben nicht erworben), die ein genussvolles, erfülltes Leben ermöglichen und uns damit vor der Entstehung einer Sucht schützen. Selbstkontrolle und die Bereitschaft, Verantwortung zu übernehmen, sind solche Fähigkeiten, die im Alltag erlernt werden sollten. Dazu muss man es auch aushalten können, dass ein Bedürfnis mal aufgeschoben wird. Schon kleine Kinder können das lernen.

Jede Tätigkeit, die Freude macht und bis zum Ende durchgehalten wird, fördert die Selbstkontrolle. Auch wenn Kinder bis zum Grundschulalter die Konsequenzen ihres Handelns noch nicht einschätzen können, ist es für sie hilfreich, sich in Geduld zu üben und auch mal mit Langeweile (oder besser: Muße) umgehen zu können.

Bei einer sinnvollen Integration von Medien in den familiären Alltag geht es darum zu ermitteln, welche Bedingungen eine optimale Fähigkeitsentwicklung begünstigen. Das kann mal mit, mal ohne Medien besser gelingen. Ein ausgiebiger Konsum von Bildschirmmedien ab frühster Kindheit lässt allerdings kaum noch Raum für die Entwicklung von Kreativität. Als Orientierung dafür, was günstig oder eher ungünstig wirkt, können Sie vor allem auf sich selbst schauen:

- Was waren die schönsten Erlebnisse meiner Kindheit und Jugend?
- Was davon wurde vor allem durch meine Eltern ermöglicht?
- Was sind die eindrucksvollsten Erlebnisse gemeinsam mit meinen Eltern?
- Welche Unternehmungen habe ich mir mit meinen Eltern sonst noch erträumt?

Fazit

Kompetent mit Medien umzugehen bedeutet also einerseits, dass man fähig ist, sie den eigenen Zielen und Bedürfnissen entsprechend zu nutzen. Darüber hinaus bedeutet es, kritisch denken zu können. Dies wiederum lernt man durch kritisch verarbeitendes Lesen, was eine hohe Sprachkompetenz voraussetzt. Für die Sprachentwicklung ist vor allem die direkte Interaktion wichtig – das Erzählen, Ansprechen, Zuhören und Vorlesen.

1.5 Was zählt ist, was ich will

Einem Kind muss lediglich klar sein, wann es sich definitiv die vollständige Zuwendung einfordern darf und wann Mutter oder Vater sich zurückziehen und »ihre Zeit« haben.

Kinder brauchen Umwelten, in denen sie frei und selbst organisiert gestalten können. Sie brauchen Raum für Bewegung, Erforschung und Begegnung, einen Freiraum, in dem sie Aktivität und Aufmerksamkeit selbst regulieren können, der vielfältig anregend ist und ihnen als Heimat dient. Für einige liefern die Medien das scheinbar in der richtigen Mischung – in einem virtuellen Draußen. Das eigentliche Grundbedürfnis nach selbstbestimmten Streifzügen in einer unstrukturierten haptischen Umwelt ist vielfach kaum noch erfüllbar. So werden die medialen Abenteuer zu den wichtigsten täglichen Aktivitäten.

Jemanden von einer ihm lieb und wichtig gewordenen Gewohnheit abzubringen ist ein schwieriges Unterfangen. Der Hinweis auf eine mögliche Schädigung auf lange Sicht greift selten. Vielleicht gelingt es aufgrund überzeugender Argumente, den Konsum oder ein bestimmtes exzessives Verhalten für eine gewisse Zeit einzuschränken. Findet sich jedoch auf Dauer nichts Vergleichbares, was dieses Vakuum an Erlebnissen füllen kann, wird ein weiterer Verzicht immer anstrengender und erscheint immer sinnloser.

Kleiner Exkurs: Alkoholabhängigkeit

Bei einem Alkoholiker, der nach Wochen der Enthaltsamkeit wieder zur Flasche greift, spricht man von einem »Rückfall«. Im Grunde ist es ein Zurückfallen in Gewohnheitsmuster, die beispielsweise Ruhe und Sicherheit erzeugen und sich über Jahre bewährt haben. Führt die gelebte Abstinenz nicht wenigstens zeitweise zu ähnlich guten Emotionen wie die Zeit des regelmäßigen Rausches, muss man die Fortsetzung der Enthaltsamkeit täglich neu erkämpfen – gegen die inneren Impulse. Dies ist ein unglaublich anstrengender und kräftezehrender Prozess.

Nur wenn man – befreit von der Fessel des Alkohols – etwas Neues findet, das einen erfüllt, erscheint der Verzicht mühelos und sinnvoll.

Wir müssen als Eltern also erkennen, ob es in der Mediennutzung unserer Kinder auch beruhigende Anteile gibt. Wir sollten versuchen zu ergründen, welche Nutzungsmuster sich zu welchem Zweck entwickelt haben. Und wir können unsere eigenen Möglichkeiten ausloten, wie wir ein inspirierendes Umfeld schaffen können. Dabei geht es weniger um ein Entertainen unserer Kinder als um das Organisieren anregender Angebote ohne Mitmachzwang – Kinder wollen aus sich heraus Neuland betreten.

Um das zu erreichen, ist zweierlei wichtig: Zum einen müssen wir uns intensiv für die aktuellen Bedürfnisse unseres Kindes interessieren. Da hilft manchmal das Zurückdenken an die eigene Kindheit – schließlich stammt das Kind von uns ab und/oder ist bei uns aufgewachsen und hat in bestimmten Phasen vielleicht ähnliche Empfindungen. Wenn Sie Ihrem Kind von diesen Erinnerungen erzählen, helfen Sie ihm, über die eigenen Gedanken und Gefühle zu sprechen.

Zum anderen müssen wir uns intensiv für seine aktuellen Aktivitäten in der virtuellen Welt interessieren. Dabei sollten wir uns bemühen, diese nicht abzuwerten, sondern erst einmal zu beobachten oder vielleicht sogar als nachvollziehbar und sinnvoll zu kommentieren. Dann erhöht sich die Chance, dass die oder der Befragte sich in naher Zukunft auch auf ein intensives Gespräch über seine medialen Aktivitäten einlässt. Bei wenig wohlwollenden Kommentaren fördern Sie eher eine Verweigerungshaltung, weil sie oder er sich als wertvoller Mensch infrage gestellt sieht. Gewohnheiten sind auch Ausdruck der Persönlichkeit und der Art, wie man sein Leben gestaltet. Jugendliche, die sich trotz permanenter Abwertung auf eine Diskussion einlassen, tun dies oft nur aus einem Grund: Sie wollen wenigstens für die nächsten Tage ihre Ruhe haben.

Wenn wir die Bedürfnisse unserer Kinder entschlüsselt haben, sollten wir auch ehrlich auf unsere eigenen Bedürfnisse schauen. Wenn das Kind sein Verhalten verändert, werden sich auch Aspekte des Zusammenlebens ändern. Wenn es z. B. Ihre starken Bestrebungen erkennt, dass Sie es verstehen wollen und ihm jede Unterstützung gewähren, wird es vielleicht viel öfter den Austausch mit Ihnen suchen. Das kostet Sie Zeit und Energie. Immer wieder müssen Sie sich in ausdauernder innerer Gelassenheit üben. Lässt sich Ihr Kind von der einen oder anderen Anregung begeistern, müssen Sie vielleicht auch noch weitere zeitliche und finanzielle Ressourcen »anzapfen«. Entdeckt ein Jugendlicher beispielsweise großen Spaß am Klettern, Reiten oder Wildwasserkanufahren, wäre es natürlich wünschenswert, dass er ein wöchentliches Training wahrnehmen und an entsprechenden Ausflügen teilnehmen kann. Es ist überaus wichtig, dem Nachwuchs reale Erlebnisse zu erlauben und ihm zu vermitteln, wie man reale Beziehungen lebt. Der Hirnforscher Gerald Hüther bekräftigt das mit dem Hinweis: »Sonst sterben wir aus.« In jedem Fall wirkt es sich ungünstig auf die persönliche und soziale Entwicklung aus, wenn man das Internet dauerhaft zur Regulierung menschlicher Affekte wie Frust oder Langeweile missbraucht.

Wenn Sie sich dafür entscheiden, einige dieser Anregungen zu realisieren, werden Sie sich wahrscheinlich manche jetzigen und auch späteren Zweifel an Ihrer Erziehung ersparen. Dabei geht es nicht darum, sich »aufzuopfern«. Einem Kind muss lediglich klar sein, wann es sich definitiv die vollständige Zuwendung einfordern darf und wann Mutter oder Vater sich zurückziehen und »ihre Zeit« haben. Diese Balance immer wieder neu auszutarieren ist anspruchsvoll und zugleich spannend. Mitunter gelingt es Ihnen ganz intuitiv. In dramatischen Situationen sollte natürlich jeder in der Familie für den anderen da sein. Manchmal sind die mentalen Dramen allerdings von außen nur schwer erkennbar. Auch für diese Fälle ist es gut, einen regelmäßigen intensiven Austausch zu pflegen.

- Was genau macht mein Kind wie lange?
- Mit wem kommuniziert es dabei?
- Wie wichtig sind ihm diese Menschen?
- Was erlebt es dabei?
- Welche Gedanken und Empfindungen werden dadurch erzeugt?
- Verfolgt mein Kind bestimmte Ziele?
- Wie kommt es auf die Idee, dass das im Moment genau das Richtige ist?

Fazit

Interessieren Sie sich für die aktuellen Bedürfnisse Ihres Kindes!

2 Die Medien

2.1 ... so gut wie eine italienische Eisdiele

Essen Sie gern Eis? Wenn nicht, setzen Sie bitte wahlweise eine andere Speise ein, von der Sie noch Tage oder Wochen nach dem Genuss schwärmen können.

Stellen Sie sich vor, Sie entdecken auf dem Weg durch die sommerheiße Toskana in einem Bergdorf eine kleine Eisdiele – nahezu unscheinbar von Weitem. Ermattet und dürstend erreichen Sie den kleinen Marktplatz. Sie treten ein, in der Hoffnung auf eine Erfrischung. In der schattigen Kühle des Lädchens stehen Sie vor einem schier endlosen Eistresen. Da türmt sich helle Mandelnugateiscreme neben zartglänzendem Orangenblüteneis und tiefbraunem, von feinen Karamellfäden durchzogenem Schokoladeneis. Unüberschaubar viele Sorten, von denen Sie noch nie gehört haben, die aber ganz und gar Ihren kühnsten Träumen entsprechen.

Jede Sorte ist liebevoll in eine silberne Schüssel gekämmt. Sie wählen zwei Sorten. Sie probieren. Die erste Kugel entführt Sie in ein neues Geschmacksuniversum. Sie hatten nicht für möglich gehalten, dass es Derartiges auf Erden gibt. Jede Sekunde ausgiebig genießend steigt Ihre Erwartungsfreude auf die zweite Kugel. Und als Sie diese das erste Mal kosten, werden Ihre Geschmacksempfindungen bei der ersten Kugel noch um ein Vielfaches übertroffen …

Was werden Sie tun, nachdem Sie beide Kugeln verspeist haben – in dem Wissen, dass Sie diesen Ort in naher Zukunft nicht wieder aufsuchen können? Werden Sie auf die innere Stimme hören, die sagt: »Wenn du jetzt noch mehr als eine weitere Kugel isst, wird dir übel.« Oder auf jene, die sagt: »Für das, was du hier entdecken kannst, lohnt sich ein verdorbener Magen allemal.« Oder sagen Sie sich: »Besser kann dieser Urlaub nicht mehr werden«, und Sie scheuen keine Kosten, die verbleibende Zeit in der Nähe des Dorfes zu verbringen? Was würden die anderen davon halten, die hier mit Ihnen unterwegs sind?

Kinder leben vor allem im Jetzt. Für sie ist der nächste Tag mitunter so weit entfernt wie ein toskanisches Bergdorf. Das macht es ihnen so schwer, etwas aufzuschieben, das ihnen Lust und Spaß bereitet. Haben sie einmal etwas Derartiges für sich entdeckt, möchten sie dabeibleiben, solange es geht – manchmal sogar gegen den Willen ihrer Eltern.

Wenn Kinder einen Laptop aufklappen oder das Tablet anschalten, ist es wie das Öffnen der Tür zu einer italienischen Eisdiele. Und wenn ein Kind leidenschaftlich gern Eis isst, wird es so oft wie möglich durch diese Tür gehen. Es wird sich immer wieder durch die besten Sorten schlemmen. Und falls eine Eissorte nicht mehr so gut schmeckt wie am Vortag, wird es die nächste probieren. Einige Sorten werden ihm immer vertrauter, und darüber hinaus gibt es jeden Tag neue zu entdecken und zu kosten. Welche Sorten unbedingt probiert werden müssen, wird am Vormittag in der Schule klar. Da setzt dann schon mal eine kribbelige Vorfreude ein.

Kinder oder Jugendliche sind überfordert, wenn man ihnen die Verantwortung dafür überträgt, dass sie nur zu bestimmten Zeiten und für eine festgesetzte Dauer an die Eistheke gehen dürfen. Außerdem ist es absurd zu erwarten, dass mein Kind nur das Eis probiert, welches mir selbst schmeckt. Wo dies gelingt, ist entweder die Lust und Neugier auf die köstliche Milchspeise weniger ausgeprägt oder neben der Eisdiele existiert eine Snackbar, deren Angebote noch verlockender erscheinen.

Für Heranwachsende ist es legitim, dass sie ihre Interessen auch gegen die Bedenken der Eltern durchsetzen – zumal oft wichtigere Erwartungen der Gleichaltrigen dagegen stehen. Diese richten sich eher auf die Ausweitung der (Eis-)Genusszeiten. Ungünstige Folgen für den eigenen Körper oder Geist – wie Verspannungen, Schlafstörungen, Konzentrationsschwäche, Antriebslosigkeit oder Leistungsabfall – nehmen Kinder und Jugendliche kaum oder erst zeitversetzt wahr. Ein direkter Zusammenhang ist ihnen dann oft nicht bewusst. Mögliche Kompensationsstrategien beziehen sich aus Mangel an denkbaren Alternativen wiederum auf virtuelles Agieren. »Auch wenn mir morgen wieder schlecht ist, heute gibt es nichts Besseres, als das neue Amarula-Himbeer-Eis zu probieren.«

Gewähren Sie Ihrem Kind also Unterstützung bei dieser hohen Selbststeuerungshürde. Wenn Sie ausschließlich verbal festgelegte Vereinbarungen treffen, wird Ihr Kind den inneren Konflikt immer wieder neu und meist als unlösbar erleben. Ihre Forderung nach einem kontrollierten, umsichtigen Umgang mit den Medien steht dem Handlungsimpuls Ihres Kindes meist vollständig entgegen. In ungünstigen Fällen kann dies zu einer immer stärker werdenden Störung der familiären Kommunikation führen.

Erste Inspirationen:

Überlegen Sie sich in Ruhe, wann Sie die erste »Eistheke« für Ihr Kind installieren wollen. **Wo soll der Zugang möglich sein?** (Im Wohnzimmer oder einem anderen Gemeinschaftsraum würden Sie von Zeit zu Zeit einen Blick auf die Sorten werfen können. Vielleicht kosten Sie ja auch mal selbst.)

Die ersten (Eisdielen-)Besuche könnten Sie entspannt gemeinsam mit Ihrem Kind unternehmen. Das Kind kann sich in Ruhe umschauen (es lernt schneller, als Sie den Rechner runterfahren können), und Sie finden vielleicht etwas, was Sie gemeinsam genießen können. **Wer sollte den Zugang verwalten?**

Nutzen Sie technische Hilfsmittel. Nachdem Sie sich in der Familie darüber **verständigt haben, was für Ihr Kind angemessen ist**, sollten Sie dies technisch organisieren – entweder über Zugangscodes, entsprechende Software oder ganz banal mit einer Zeitschaltuhr. (Letzteres funktioniert natürlich nur bei permanent stromversorgten Standgeräten und einer für das Kind unzugänglichen Schaltuhr. Für einen ersten Kontakt mit der virtuellen Welt ist meines Erachtens ein älterer Rechner völlig ausreichend. Dass darauf neuere komplexe Spiele nicht gespielt werden können, erweist sich eher als Vorteil.)

Installieren Sie also ein Zeitschloss für die Eistheke und nutzen Sie die Möglichkeit, bestimmte Bereiche des Tresens verschlossen zu lassen.

Hinweis: Falls Sie jetzt denken, das würde ich alles gerne tun, aber ich weiß nicht wie: In vielen Bundesländern gibt es mittlerweile Fachstellen für Mediennutzung, die Sie beraten oder weitervermitteln können. Entsprechende Links sind am Ende des Buches aufgelistet.

2.2 … so gefährlich wie ein Fahrrad

Wir machen uns so viele Gedanken darüber, ob und wie viel Mediennutzung wir unseren Kindern gestatten sollen. Beim Umgang mit anderen Dingen gelingt uns das viel leichter: beispielsweise beim Erlernen des Fahrradfahrens. Vielleicht kennen Sie Eltern, die ihren Kindern das Fahrradfahren völlig verwehren, da die Gefahren, die im Straßenverkehr lauern, aus ihrer Sicht zu groß sind. Für die meisten stellt sich jedoch eher die Frage des Wie und Wann. Manche entscheiden sich für die Variante mit Stützrädern, sobald ihre Kinder das dritte Lebensjahr erreicht haben. Dann entfällt das ständige anfängliche Hinterherlaufen, um das Kind vor dem Umkippen zu bewahren. Andere haben mehr Geduld und beginnen mit Roller oder Laufrad, damit sich Koordination und Balance entwickeln können. Sie entscheiden je nach Fortschritt, wann die Zeit fürs Fahrradfahren gekommen ist – dann in der Regel ohne Stützräder (welche der Entwicklung einer guten Balance eher im Wege stehen).

In der Anfangszeit darf das Kind auf dem Spielplatz oder einem anderen überschaubaren Gelände fahren und die Beherrschung dieser wunderbaren Fortbewegungsart verinnerlichen.

Erst wenn sicher ist, dass es sich nicht mehr auf das Fahren selbst konzentrieren muss, wenn also eine Art Routine eingetreten ist, wird es auf das selbstständige Fahren auf dem Gehsteig vorbereitet. Man spricht mit ihm über Vor- und Rücksicht, übt das Überqueren der Straße und die Fähigkeit, bei Gefahr sofort anzuhalten. In der Schule oder in Freizeiteinrichtungen können die Kinder Fahrradführerscheine erwerben, wenn sie ausreichend Kenntnisse über die Verkehrssicherheit des Fahrrads und das Verhalten im Straßenverkehr nachweisen können. Niemand würde auf die Idee kommen, einen Sechsjährigen auf ein Erwachsenenrad steigen zu lassen und ihn damit auf die Straße zu schicken – in der Hoffnung, dass er es irgendwie beherrschen, die Regeln herausfinden und den besten Weg für sich finden wird.

Wenn wir einem Sechsjährigen ein Smartphone, Tablet oder PC mit unbeschränktem Internetzugang überlassen, handeln wir verantwortungslos. Das Kind sollte wie beim Fahrrad die Fähigkeiten (siehe Anregungskasten) für eine möglichst sichere und gewinnbringende Nutzung entwickelt haben. Eine anfängliche Begleitung ist unerlässlich, Regeln und mögliche Gefahren müssen besprochen werden.

Da sich die Gefahren bei der Mediennutzung nicht auf das körperliche, sondern meist auf das seelische Erleben beziehen, erscheint es vielleicht schwieriger, dies zu thematisieren. Manches lässt sich in Analogie zur berührbaren Welt erklären. Kein Kind oder Jugendlicher sollte ohne Absicherung einem Fremden an einen abgelegenen Ort folgen – selbst wenn dieser die beste Eiskugel der Welt verspricht. Ebenso wenig sollte ein Kind den Versprechungen oder Lockungen eines Unbekannten im Internet trauen.

Wenn das Kind ängstigende oder unverständliche Bilder bzw. Videos entdeckt, sollte es einem vertrauten Menschen Bescheid geben (das muss nicht unbedingt ein Elternteil sein), mit dem es das Gesehene besprechen kann. Das läuft ähnlich ab wie bei der Absicherung einer Gefahrenstelle: einen Erwachsenen informieren, Gefahrenpotenzial abschätzen lassen, Gefahr bannen.

Wenn man dem Kind einen Zugang über eine Kindersuchmaschine einrichtet, wirkt das wie das Tragen eines Fahrradhelms. Selbst beim Finden merkwürdiger oder verstörender Inhalte handelt es sich noch um solche, die für eine Kinderseele verträglich sind. So können dramatische Stürze abgefangen – oft sogar verhindert – werden.

Anregungskasten Fahrrad

Bevor ein Mensch nicht laufen kann, sollte er nicht Fahrrad fahren lernen.

- Verfügt mein Kind über genügend tief greifende, inspirierende und interessante Erfahrungen in der berührbaren Welt?
- Haben wir gemeinsam Dinge entdeckt und untersucht? Sind wir auf einen Berg gestiegen, haben wir einem Sturm getrotzt und uns beim Schwimmen über Wasser halten können?
- Ist es meinem Kind gelungen, Freundschaften zu schließen?
- Konnte mein Kind sich ausreichend ausprobieren, seine Kraft spüren und seinen Willen schärfen?

Eine gute Körperkoordination und Balancefähigkeit sind hilfreich.

- Verfügt mein Kind über angemessene Alltagskompetenzen?
- Kann es die familiäre Gemeinschaft unterstützen und einen persönlichen Sinn darin erkennen?
- Weiß es sich in problematischen Situationen zu helfen oder kann sich Hilfe organisieren?

Das Rad sollte die richtige Größe und Ausstattung haben.

- Welche mediale Ausstattung ist für mein Kind sinnvoll? (Hier gilt der Grundsatz: Weniger ist mehr. Nur so viel Endgeräte wie nötig mit so basaler Ausstattung wie möglich.)

Risikobewusstsein und die Entscheidungskompetenz zum sinnvollen Einsatz schützen vor unschönen Unfällen. (Fahrradfahren auf einer achtspurigen Autobahn oder im Treppenhaus eines Hochhauses ist nicht zu empfehlen.)

- Ist mein Kind in der Lage zu entscheiden, ob das Spielen am Rechner oder das endlose Bewerten von Postings im Moment die richtige Strategie ist, um sich vom Schulstress zu erholen, Ärger zu vergessen oder eine gute Stimmung aufzubauen?

- Kann mein Kind also richtig entscheiden, was ihm guttut?
- Wie stark lässt es sich von den Verlockungen der Mobile-Games auf dem Smartphone verführen, sie jeder Zeit zu spielen – auf dem Weg zur Schule, in der Bahn oder im Bus, an der Haltestelle?
- Besitzt mein Kind die Kraft, sich trotz der Ermunterungen von Gleichaltrigen auch dagegen zu entscheiden, wenn es um das Anschauen verstörender gewaltenthaltender oder pornografischer Bilder, das Spielen von angsterzeugenden Shootern oder das Schauen von Horrorfilmen geht?

Ohne Regeln kein Verkehr.

- Kann mein Kind die ungeschriebenen Regeln für das Agieren im Internet verstehen? Wie groß ist die Chance, dass es sie berücksichtigt?

Kein gutes Balancieren ohne Anfangshilfe.

- Wie groß ist meine Bereitschaft und Fähigkeit, mehrmals in der Woche Zeit mit meinem Kind vor einem Computer zu verbringen?
- Wie viel kenne ich von dem, was ich meinem Kind zumuten würde?
- Wie viel Spaß werde ich an gemeinsamen Spiel-, Chat- oder Suchrunden haben?
- Welche Angebote schätze ich im Moment als gewinnbringend für mein Kind ein?
- Woran kann ich erkennen, wann mein Kind selbst gut in der Lage ist, seine Internetnutzung auszubalancieren?

Die ungeschriebenen Internetregeln:

Es ist nie sicher, dass jemand derjenige ist, der er vorgibt zu sein (die Unsicherheit ist virtuell um ein Vielfaches größer als in der haptischen Welt).

Virtuelle Angebote(staatliche oder gemeinnützige ausgenommen) finanzieren sich meist entweder über Werbung oder die Verwendung bzw. Weitergabe individueller Daten ihrer Nutzer.

Jeder Nutzer kann gleichzeitig zum Produzenten werden. Virtuelle Produkte haben dadurch sehr unterschiedliche Qualität und können leicht zu Manipulationszwecken genutzt werden.

Eine von vielen unterstützte Aussage sagt nichts über ihren Wahrheitsgehalt. Kaufangebote erfolgen oft versteckt. Ein versehentlicher Klick kann zu Zahlungsverpflichtungen führen.

Einmal Gesendetes kann für immer im Internet existent und abrufbar bleiben.

Im Internet gibt es immer etwas Neues. (Die Dauer eines durchschnittlichen Menschenlebens reicht nicht mehr aus, um alle neuen Inhalte eines Tages zu sichten.) In dieser Angebotsflut kann man sich leicht verlieren.

2.3 … so wirksam wie Cannabis

Kommt Ihnen das vielleicht etwas übertrieben vor: die Mediennutzung mit der Einnahme von psychoaktiven Substanzen zu vergleichen? Schließlich wird der Hirnstoffwechsel nicht direkt beeinflusst, zum anderen sucht ein Gamer, Chatter oder Surfer meist nicht in erster Linie den Rausch.

Aber was sucht ein junger Mensch in der Welt? Er sucht nach Intensität, nach dem Gefühl, das Leben mit ganzer Macht spüren zu können. Er sucht nach Momenten, in denen nichts wichtiger ist als der Augenblick selbst – in denen nicht zählt, was gestern war und morgen kommt. Wenn er schon viele Enttäuschungen und Verletzungen erlebt hat, sucht er außerdem nach Linderung dieses Schmerzes – nach Ablenkung und neuem Selbstwert.

All das lässt sich durch den Konsum von Cannabis für eine gewisse Zeit unter entsprechenden Bedingungen realisieren. Wie der erste Joint wirkt, hängt allerdings nicht nur von der Sorte und der Dosierung ab. Entscheidend sind die persönlichen Anlagen und der aktuelle mentale Zustand. Es spielt also eine große Rolle, was man gerade erlebt hat, in welcher Umgebung und mit wem man gemeinsam konsumiert. Mit etwas »Glück« verstärkt sich die gute innere Verfassung beim Zusammensein mit Freunden zu einem überwältigenden Gefühl von Zufriedenheit, Freude und bedingungsloser Euphorie. Nicht selten kommt es dann zu endlosen Lachflashs.

Gelingt es in der Folge, Dosierung und Setting günstig zu wählen, wird unter Umständen die Verstärkung aller Sinne erlebt. Der Geschmack kann intensiver werden, die Farben leuchtender, Bewegungen verbessert. Das Hier und Jetzt ist ganz präsent – man verschwendet kaum Gedanken an Vergangenes oder Zukünftiges.

In einer anderen Situation sucht und findet man vielleicht eher die beruhigende und entspannende Wirkung. War das Leben eben noch stressig und verunsichernd, kann man plötzlich wieder die Verbundenheit zur Welt und eine innere Balance empfinden.

Ganz ähnlich gelingt es vielen jungen und reiferen Internetnutzern, im Virtuellen das zu finden, was sie im Augenblick brauchen. Fehlt jemandem das Gefühl einer tiefen Geborgenheit, sucht er Kontakte – in Onlinegames, über soziale Plattformen, in Foren oder im Teamspeak. Neben der Unbeschränktheit von Kontaktmöglichkeiten lässt sich auch die Tiefe der Kommunikation steuern. Manchmal ist ein stundenlang dahinplätschernder Smalltalk mit vielen Bekannten und Unbekannten angenehm. Mal ist der intensive Austausch über die innersten Gefühle und die dramatischsten Erlebnisse hilfreich.

Sucht jemand nach Herausforderungen, die er gut bewältigen kann und bei denen er das Gefühl hat, seine Fähigkeiten optimal zu entwickeln, wird er ein entsprechendes Spiel finden. Dieses wird ihn behutsam und gemäß seinen Fähigkeiten zu immer besseren Ergebnissen führen und ihn dabei permanent durch Belohnungen ermutigen. Der Spieler kann sich und seine Kompetenzen intensiv erleben und gerät nicht selten in einen Flow – ein Verschmelzen mit seinem Tun, bei dem nichts wichtiger ist als das Getane selbst. Die Bedeutung von Gestern und Morgen verblasst vollständig vor dem Hier und Jetzt.

Letztlich können nahezu alle emotionalen Bedürfnisse durch das Agieren im Internet befriedigt werden. Wenn man aber nicht von Zeit zu Zeit haptische Alternativen wenigstens als gleichwertig erlebt, kann sich eine exzessive oder suchtartige Nutzung entwickeln. Diese Möglichkeit ist mindestens so potent wie der Gebrauch von Cannabis.

Einen Cannabisabhängigen in einer Phase zu erkennen, in der er gerade kein Rauschmittel konsumiert, ist vielleicht ähnlich schwer wie bei einem Menschen, der dem Internet verfallen ist. Bis auf einen fehlenden Antrieb, der in einem längeren Gespräch deutlich werden würde, ließen sich kaum Symptome feststellen. Beide würden mitunter von einem ausgeglichenen Gefühlshaushalt sprechen oder von guten Strategien, wie sie diesen steuern. Sie würden von Freunden erzählen, mit denen sie oft etwas gemeinsam unternehmen – bei dem einen, um zu konsumieren, bei dem anderen, um virtuell unterwegs zu sein.

Allerdings gibt es einige Voraussetzungen, die die **Entwicklung einer Sucht** begünstigen. Dazu gehören:

- soziale Ängste
- Einsamkeitserleben
- Depressionen und
- das Fehlen schutzbietender Beziehungen.

Und es gibt Kriterien, die für das **Bestehen einer Abhängigkeit** sprechen:

- wenn ein drängendes Bedürfnis erkennbar wird, sich nahezu ausschließlich mit einer einzigen Aktivität zu befassen oder den fortdauernden Konsum zu sichern;
- wenn die Kontrolle über das eigene Tun verloren gegangen ist, weil der innere Drang dieses Tun bestimmt;
- wenn immer mehr von demselben notwendig wird, um einen vergleichbaren Effekt zu erzielen;

- wenn sich eine tief empfundene Unruhe einstellt, sobald die Möglichkeit des gewohnten Tuns auf unbestimmte Zeit verstellt ist;
- wenn das Verhalten fortgesetzt wird, obwohl der Betreffende erkennt, dass es sich schon deutlich spürbar negativ auf ihn auswirkt (wenn ein Jugendlicher beispielsweise seit Wochen nicht mehr zur Schule geht oder häufig tageweise schwänzt und somit seine guten Ausbildungschancen gefährdet; wenn sein Interesse an realen Freunden, an der Familie und nichtvirtuellen Tätigkeiten nicht mehr vorhanden scheint und wenn er, wann immer möglich, vor einem Bildschirm sitzt – auch nachts).

Wenn solche Kriterien zutreffen, liegt die Vermutung nahe, dass es sich um ein suchtartiges Verhalten handelt.

Sucht ist die größtmögliche selbst gewählte Unfreiheit.

Dieses einzuschätzen gelingt letztlich allerdings nur dem Betroffenen selbst.

Anregungskasten Emotionssteuerung

Emotionale Berg- und Talfahrten

- Wie steuere ich selbst meine emotionalen Berg- und Talfahrten?
- Wie beruhige ich mich, wenn mal wieder alles zu viel wird? Wie werde ich meine innere Unsicherheit für einen Moment am besten los?
- Wie kann ich mich entspannen, wenn ich mich durch meinen Partner oder meine Kinder gestresst fühle?
- Auf welche Weise verlängere ich den Zustand der inneren Balance und Zufriedenheit?

Die Emotionen Ihres Kindes

- Wie erlebt mein Kind meinen Umgang mit Emotionen?
- Welche Möglichkeiten hat es für seinen emotionalen Drahtseilakt schon übernommen?
- Welche Strategien werden gerade von meinem Kind entwickelt? Welche Rolle spiele ich dabei?

Verhaltensalternativen

- Auf welche Weise ließe sich das Spektrum von Verhaltensalternativen zur Steuerung der Emotionen erweitern?
- Was könnte man dazu in der Familie ausprobieren? Welche Menschen könnten noch einbezogen werden?
- Woran hätten alle in der Familie für einen Moment so viel Spaß, dass sie alles andere vergessen würden?

Abhängigkeitspotenzial

- Angenommen, ich vermute, dass das Verhalten meines Kindes suchtartige Züge aufweist: Gab es in meinem Leben – oder im Leben eines mir nahestehenden Menschen – einmal eine Zeit, in der etwas trotz aller Widerstände von außen und sich abzeichnender negativer Folgen immer wieder in derselben Art getan wurde? Welche Gedanken gingen mir – oder dem Betreffenden – damals durch den Kopf? Welche Gefühle waren bestimmend? Welche Unterstützung hätte es geben können?
- Kann mein Kind die möglicherweise ungünstigen Konsequenzen seines Handelns erkennen? Welche Haltung hat es dazu?

Soziale Beziehungen und gegenseitiges Verständnis

- Welche Menschen waren ihm vor der Phase der exzessiven Mediennutzung besonders wichtig?
- Welche Abwertungen und welche Ermutigungen erfährt mein Kind für sein aktuelles Verhalten? Finde ich bzw. findet mein Kind diese Statements gerechtfertigt?
- Was wäre hilfreich, damit mein Kind meine Sorgen und Befürchtungen besser verstehen kann?
- Auf welche Weise ließe sich mein Verständnis für die Ängste, Nöte und Hoffnungen meines Kindes vertiefen?

2.4 … als wunderbare Zuflucht

Menschen suchen immer einen Ort, an dem sie sich geborgen, sicher und heimisch fühlen können. Und das hängt nicht nur von äußeren Gegebenheiten ab, sondern bezieht sich vor allem auf ein inneres Gefühl. Ein an Alzheimer Erkrankter fragt mitunter ständig, wann er endlich nach Hause kann, obwohl er sich in dem Haus befindet, das er seit fünfzig Jahren bewohnt und welches er auch als solches erkennt. Sein atrophiertes Gehirn verwehrt ihm den Zugang zu dem existenziellen Gefühl, zu Hause zu sein. Die Folgen sind ständige Unruhe und das Gefühl, getrieben zu sein und nicht ankommen zu können.

Gesunde Menschen, die sehr sensibel auf die Anforderungen des Lebens reagieren und oft versuchen, es vielen recht zu machen, sehnen sich häufig nach Fähigkeiten und Verhaltensweisen, die nicht grundsätzlich in ihrer Natur liegen. Ist zudem der innere Narzisst zu schwach, um die dadurch entstehenden Belastungen abzufedern, kann sich mitunter auch das Gefühl der Getriebenheit einstellen. Bezieht sich dieses Erleben auf den familiären Bereich, kann das Zuhause-Gefühl immer stärker irritiert werden. Bei vollständigem Verlust dieses Sicherheitsgefühls reagiert die Seele unter Umständen mit einer Depression – also dem Rückzug aus jeglicher Gemeinschaft, um sich vor weiteren Verletzungen zu schützen.

Da depressives Erleben auf Dauer jedoch ebenfalls schmerzhaft ist, suchen Körper und Geist nach Alternativen. Mancher findet sie im Cannabiskonsum, für den anderen ist Alkohol das beste Antidepressivum. Ein Dritter erlebt das Agieren im Internet als die beste Möglichkeit, mit den Anforderungen der Welt und der eigenen Unsicherheit umgehen zu können. So wird das Virtuelle zur beruhigenden Zuflucht.

Zwar ist auch hier von Zeit zu Zeit mit stressigen oder belastenden Situationen zu rechnen – diese sind jedoch dosierbar. Wird eine Kommunikation oder ein Spiel zu anstrengend, zieht man sich zurück, wechselt den Server oder »geht offline«. Im Laufe der Zeit findet jeder Internetnutzer die Portale, die für ihn die angenehmsten, sichersten und inspirierendsten sind. Dann ist er in seiner virtuellen Heimat angekommen. Schon beim Öffnen der Portale durchströmt ihn ein Gefühl von Geborgenheit. Eine gespannte Erwartungsfreude, die sich durch interessante virtuelle Begegnungen und gemeisterte Herausforderungen immer wieder bestätigt, komplettiert das tief greifend positive emotionale Erleben.

Bei einigen erweisen sich Eigenschaften, die in der berührbaren Welt eher hinderlich wirkten, jetzt als entscheidender Vorteil. Hohe Sensibilität kann zu starker Zugewandtheit und großem Einfühlungsvermögen führen. Die Fähigkeit, ausdauernd zuzuhören und die Empfindungen des anderen punktgenau zu entschlüsseln, erzeugt das Erleben starker Verbundenheit. Während in der Realität körperliche Äußerlichkeiten und der Habitus mitunter entscheidend für die Zuwendung sind, spielen diese im Netz keine Rolle mehr. Besondere Menschen wirken in der realen Welt oft irgendwie anders als viele andere. Das birgt die Gefahr der Ausgrenzung. Im Virtuellen hingegen können sie Gemeinschaften finden oder bilden, die die Bedürfnisse ihrer Mitglieder optimal zu erfüllen scheinen. Sie können sich – vielleicht erstmalig – als wirklich wichtig und wirkungsvoll erleben.

Wenn es für ein Kind oder einen Jugendlichen kaum etwas Vergleichbares in der haptischen Welt gibt, geht es ihm vielleicht weniger um den Umgang mit einem »digitalen Endgerät« als um das Wiedererleben dieses Heimatgefühls. Dann kann man als Elternteil die großartigsten Aktionen vorschlagen – mehr als eine kurze Ablenkung springt dabei selten heraus. Solange sich keine Alternative für das existenzielle Zufluchtserleben abzeichnet, bleibt das Agieren im Internet sehr bedeutsam.

Anregungskasten Zuflucht

Zufluchtsorte der Eltern

- Welche Zufluchtsorte nutzen wir als Eltern?
- Wie oft ziehen wir uns zurück?
- Wie gestalten wir diesen Ort oder diese Situation?
- Welche Menschen laden wir dazu mit ein?
- Was ist für uns das Entscheidende am Zufluchtserleben?
- Wie verteidigen wir diesen Ort bzw. Zustand? Wie erlebt das mein Kind?

Dauerkonflikte

- Gibt es zwischen uns Erwachsenen Konfliktdauerbrenner?
- Wie erlebt unser Kind unsere Lösungsversuche? Könnte sich das auf sein Geborgenheitsgefühl auswirken?
- Gelingt es uns manchmal, Unstimmigkeiten später mit abgekühltem Gemüt zu diskutieren?
- Wie gut gelingt es uns, unserem Kind zu helfen, seine Konflikte zu lösen, ohne dabei zu moralisieren?

Zufluchtsorte des Kindes

- Welche Zufluchtsorte hat mein Kind? Wo fühlt es sich besonders wohl? Wohin zieht es sich zurück, wenn es ihm nicht gut geht?
- Wie gefährdet ist dieser Bereich?
- Welche Menschen können das Erleben eines Heimatgefühls verstärken? Welche Menschen irritieren dieses Erleben eher?
- Gelingt es uns als Eltern, unser Kind beim immer wieder neuen Finden seiner Zuflucht zu unterstützen? Was ließe sich eventuell dafür (noch mehr) tun?
- Was würde mein Kind sagen, wenn es nach seinem liebsten Ort gefragt wird? Was macht diesen Ort für mein Kind so besonders?
- Wie gut gelingt es meinem Kind, sich in eine Gemeinschaft einzufügen?

Besonderheiten

- Was ist das Besondere an meinem Kind?
- Wie erlebt es diese Besonderheit?
- Wie kann ich es von Zeit zu Zeit organisieren, dass es seine Besonderheit als Stärke erfährt?

2.5 ... als letzter Raum für Abenteuer

Während in den meisten Kapiteln ohne die umständliche explizite Benennung immer beide Geschlechter gemeint sind, bezieht sich das Folgende eher auf die Jungen. Vor allem sie sind auf der Suche nach angemessenen Herausforderungen, sie brauchen den Wettstreit und hoffen auf Abenteuer. Dazu gehören nicht zuletzt etwas Mystik und Magie.

Mit unseren rationalen und logischen Erklärungen aller natürlichen und weltlichen Phänomene vertreiben wir das Magische. Durch die Ängste, dass unseren Kindern etwas Dramatisches widerfahren könnte, lassen wir sie ungern allein in den Wald oder unbekannte Gegenden. Damit sinken die Chancen auf (echte) Abenteuer massiv. Jungen erleben das mitunter als großen Verlust – ohne zu wissen, was ihnen fehlt.

In Onlinewelten hingegen lassen sich immer wieder Bereiche erkunden, die nur wenige vorher entdeckt haben. Das bezieht sich auf spezifische Themen, die dann in einer entsprechenden Community beforscht werden. Und es bezieht sich vor allem auf Spielwelten, die sich regelmäßig ausweiten. Riesige Gebiete mit bizarren Kreaturen werden für Fantasyspiele geschaffen. Für Simulationen werden immer wieder neue real existierende oder fantastische Räume erzeugt. In Mittelalter-Abenteuerspielen lassen sich vergangene Städte und historische Gebiete erkunden. Für Ego-Shooter entstehen ständig neue »Maps«, also Kampfterritorien. Nicht zuletzt wird immer häufiger in den Erweiterungen oder Fortsetzungen erfolgreicher Games auch die Möglichkeit eingebaut, als Spieler selbst neue Räume zu schaffen. Damit existiert eine endlose Vielfalt, die ebenso endlose Abenteuer verspricht.

In vielen Jungen steckt noch ein wenig von dem urzeitlichen Jäger, Kämpfer und Abenteurer. Offensichtlich waren jene Vorfahren erfolgreich, die unbekannte Gebiete neugierig erkundet und sich gegen andere durchgesetzt haben. Von ihnen stammen wir ab und tragen somit ihre Gene in uns. Wenn man sich spielerisch dem Drang zu kämpfen hingibt, wird das in den seltensten Fällen eine kriegerische Natur etablieren. Es ist sogar eher zu erwarten, dass eine dauerhafte Unterdrückung dieses Kampftriebs Spannungen erzeugt, die sich schließlich auf ungünstige Weise entladen können.

Wenn wir verhindern wollen, dass sich unser Kind in den virtuellen Abenteuerwelten verliert, müssen wir ihm echte Abenteuer in der berührbaren Welt ermöglichen. Dazu braucht es nicht viel. Es kann eine Wanderung durch eine unbekannte Landschaft sein – mit dem elterlichen Interesse für alles, was dort wächst, krabbelt, piept, schnurrt, kriecht, läuft, fliegt und schwimmt … die Erkundung des Gartens mit einer Lupe und einer Weitwinkelkamera Quadratdezimeter für Quadratdezimeter … das Testen und Vergleichen körperlicher Fähigkeiten: mit geschlossenen Augen auf einem Bein stehen, auf einer Slackline balancieren, sich mit Sandsäcken gegenseitig von einem Balken schubsen, Messerwerfen oder Bogenschießen …

Alle Individual- und Mannschaftssportarten erfordern Anstrengung und Abenteuergeist. Wenn wir dann noch von Zeit zu Zeit eindrückliche Erlebnisse organisieren können wie z. B., ein Bergpanorama zu betrachten oder ein Moor zu durchqueren, sollte ein großer Teil der Abenteuerlust gestillt sein.

Anregungskasten Abenteuer

Ihre Abenteuer

- Was war für mich in meiner Kindheit und Jugend besonders abenteuerlich?
- Wie habe ich die Aufregung vor dem Unbekannten empfunden? War es eher ein freudiges Kribbeln oder ein unbehagliches Angstgefühl?
- Auf welche Weise habe ich meine Angst überwunden?
- Was waren meine Gedanken und Empfindungen nach einem bestandenen Abenteuer?
- Mit wem habe ich mein größtes oder zweitgrößtes Abenteuer erlebt? Was verbindet mich heute mit diesem Menschen? Erinnern wir uns manchmal gemeinsam an die aufregenden Zeiten?

Verbindende Abenteuer

- Über welches meiner Erlebnisse wäre mein Sohn wahrscheinlich am meisten überrascht?
- Welche Abenteuer würde mein Sohn mir zutrauen?
- Welche abenteuerlichen Situationen habe ich schon gemeinsam mit meinem Sohn gemeistert?
- Was glaube ich, wie mein Sohn an diese Momente zurückdenkt?

Die Abenteuer Ihres Sohnes

- Welche Abenteuer möchte mein Sohn vielleicht irgendwann einmal in seinem Leben bestehen?
- Auf welche Weise werde ich ihn dabei unterstützen können?
- Welche kleinen und großen Abenteuer besteht mein Sohn gerade?
- Mit wem hat er Freundschaft geschlossen?
- Welche Bindung hat sich gerade überraschend wieder gelöst?
- Was hat er Neues erkundet und was hat sein forschendes Interesse geweckt? (Lassen Sie dabei alle haptischen und virtuellen Erlebnisse Revue passieren.)

Abenteuerpläne

- Welches Abenteuer möchte ich demnächst mit meinem Sohn bestehen?
- Wie wird mein Partner dieses Vorhaben unterstützen?
- Wie werde ich dieses Abenteuer vorbereiten? Werden noch andere dabei sein?
- Wie ließe sich die Abenteuerlichkeit des Vorhabens bis zum Äußersten steigern – ohne dass es gefährlich wird? (Trauen Sie Ihrem Jungen mindestens so viel zu, wie Sie sich selbst zutrauen würden!)

2.6 … helfen mir, ich selbst zu sein

Jeder Mensch ist beständig auf der Suche nach sich selbst. Auf die Frage »Wer bin ich?« können trotzdem nur wenige spontan und erschöpfend antworten.

Unsere Suche beginnt in der Kindheit. Zuerst wollen wir wissen, wer das ist, von dem wir so existenziell abhängen, der uns versorgt und auf dessen Wohlwollen wir angewiesen sind. Wenn wir meinen, diese Menschen ein wenig zu kennen – also einigermaßen einschätzen können, wie sie auf unser Verhalten reagieren –, schauen wir mehr und mehr auf uns selbst.

- Was tut mir gut, was eher weniger?
- Was bereitet mir Freude, was frustriert mich?
- Wobei habe ich Spaß, was langweilt mich?
- Wofür strenge ich mich gern an, was ist mir gleichgültig?
- In wessen Gesellschaft fühle ich mich wohl, bei wem eher unbehaglich?
- Was macht mich neugierig?
- Wo finde ich Zuflucht?
- Was verspricht Abenteuer?

Kinder begeben sich jeden Tag erneut auf die Suche. Mit unvermeidbaren Zwängen wie Kindergarten oder Schule müssen sie sich arrangieren. Unbewusst kooperieren sie mit ihren Eltern – auch um deren Wohlwollen nicht zu gefährden. Und dann bleibt noch ein Spielraum (der für Kinder in unserer heutigen Gesellschaft allerdings oft größer ist – oder es zumindest sein könnte –, als er je für Kinder war), den sie mit ihren ganz eigenen Intentionen füllen.

Haben Kinder etwas gefunden, was sie so ganz umfassend und tief greifend fasziniert, wollen sie sich so oft wie möglich damit befassen – bis es seinen Reiz verloren hat.

Der erste bewusste Umgang eines Kindes oder Jugendlichen mit einem Computer – welcher Art und Größe auch immer, also mit einem Smartphone, Tablet, Laptop oder PC – kann eine solche Wirkung haben und wird für viele seinen Reiz nie wieder verlieren.

Hier lässt sich plötzlich auf wunderbare Weise erleben, was bisher oft so schwierig schien: eine direkte Wirkmächtigkeit, für die ein Fingertippen oder ein gezieltes Wischen ausreicht – ohne skeptische oder korrigierende Kommentare. Schon eröffnen sich neue unbekannte Möglichkeiten, die für die nächsten Minuten oder Stunden Spaß und eine angenehme Beschäftigung versprechen. Das elementare Gefühl des Wachsenkönnens stellt sich ein, da diese Oberflächen heute meist intuitiv bedienbar sind und sich durch Ausprobieren erschließen. Onlinespiele entwickeln die Fähigkeiten ihrer Nutzer sehr behutsam – je nach Fortschritt und Kompetenzen. Es kommt also kaum zu Frustration oder »Rückschlägen«, wie sie beim Entwickeln haptischer Fähigkeiten außerhalb des Virtuellen die Regel sind.

Ganz im Gegenteil: Zu Anfang werden Fortschritte bei der Computerbedienung oder in einem Spiel von den Eltern mitunter überschwänglich positiv kommentiert. Das ermutigt und führt zu einer noch enthusiastischeren Beschäftigung mit dem Rechner. Aufgrund der enormen Zeit, die Jugendliche dann irgendwann investiert haben, werden sie für ihre Eltern zu Experten in der Handhabung und erschließen sich in beeindruckender Geschwindigkeit auch unbekannte Optionen.

Und nicht zuletzt könnte sich dann das Gefühl einer Art Verbundenheit mit der Welt einstellen. Ein hochkomplexes Gerät, geschaffen von großen Geistern, welches Zugang zu unabsehbar vielen ideellen Räumen verspricht, kann von mir als noch jungem Mitglied der Weltgemeinschaft bedient werden. Auf eine gewisse Weise verbinde ich mich also mit den großen Denkern und Tüftlern dieser Welt und bewege mich ideell in einem Raum, in dem Milliarden von Menschen eine virtuelle Heimat gefunden haben.

Für ein Kind oder einen Jugendlichen ist es nur schwer erkennbar, dass ein Agieren in dieser unbegrenzten Welt voller Spiele, Geschichten und Abenteuer nur wenig zur Selbstfindung und Selbstwerdung beitragen kann. Hilfreich ist es dann, wenn dieses Agieren bewirkt, dass man mit seinen Talenten und seiner Persönlichkeit in der Realität besser ankommt – also lernt, mit sich, den anderen und der Welt klarzukommen. Auch wenn der Umgang mit innovativer Technik uns noch so wirksam Portale in digitale Räume eröffnet, bleibt die Virtualität jedoch immer nur ein blasses Abbild der berührbaren Wirklichkeit.

Die Erforschung dessen, was der eigene Körper schon alles vermag oder was er vielleicht demnächst alles leisten könnte, wird für die Zeit, die man am Computer verbringt, unterbrochen. Die Entwicklung eines guten Körpergefühls und einer optimalen Körperkoordination wird eingeschränkt. Die für Lernprozesse und einen erholsamen Schlaf so wichtige Bewegung in sauerstoffreicher Umgebung wird vernachlässigt.

Im Internet lassen sich die für das Miteinander so wichtigen nonverbalen Signale nicht übertragen – die Fähigkeit, sie adäquat einzusetzen und zu erkennen, kann auf Dauer verkümmern, ebenso wie die natürliche Fähigkeit, auf Menschen zuzugehen und sich der Gemeinschaft trotz anfänglicher Unsicherheit nicht sofort zu entziehen. Ausdauer und Zielstrebigkeit trotz kleiner und größerer »Rückschläge« nehmen ab. Die Frustrationstoleranz sinkt.

Es stärkt die Selbstwirksamkeit und das Selbstbewusstsein von Kindern, wenn sie lernen, reale Probleme zu lösen und mit Frustration umzugehen. Kinder, die von ihren Eltern und ihrem Umfeld genügend Aufmerksamkeit und Anerkennung erfahren, werden diese weniger in Onlinewelten suchen.

Ähnlich einem Cannabiskonsumenten, der seine Erfüllung eben doch nicht im ewigen ungezügelten Konsum finden wird, kann die exzessive Internetnutzung verhindern, dass wir werden, wer wir sein könnten – Menschen mit einem guten Selbstgefühl und einem hohen Selbstwert.

Auch das großartigste Eis der Welt schmeckt nach dem täglichen Verzehr von mehreren Dutzend Kugeln mit den exotischsten Aromen eben doch nur nach gekühlter Milch mit Geschmacksstoffen.

3 Die Perspektive

3.1 Mama will nur chatten

Heutzutage erleben viele Kinder, dass es für ihre Mütter ausgesprochen wichtig ist, fast ständig vernetzt zu sein. Bevor sie sich dem Kind zuwenden, müssen sie eben noch eine Nachricht lesen, eine Mail absetzen, virtuell zwitschern oder ein Bild posten. Laut neuerer Studien wünscht sich ein hoher Prozentsatz deutscher Kinder mehr Aufmerksamkeit von ihren Eltern, die durch das Onlineagieren gebunden wird.

Gesellt sich zu der intensiven Internetkommunikation noch eine gewisse Leidenschaft für eines der unzähligen Mobile-Games, die zwar immer nur wenige Minuten in Anspruch nehmen, aber doch mehrfach täglich Aufmerksamkeit fordern, sinkt die Kapazität dafür, sich hingebungsvoll und ungestört den Kindern zuzuwenden.

Natürlich ist es legitim, sich dem Alltagsstress für einige Momente durch einen interessanten Chat oder ein entspannendes Spiel zu entziehen. Die permanente Möglichkeit dieser Ablenkung und das schnell entstehende Gefühl, umgehend auf virtuell Empfangenes reagieren zu müssen, können allerdings die Fähigkeit zur konzentrierten Aufmerksamkeit für anderes schwinden lassen. Alarmstufe rot ist erreicht, wenn Mütter die gelegentliche Forderung ihres Kindes nach ungeteilter Zuwendung nur noch als Störung empfinden. Nicht selten ist beispielsweise auf Spielplätzen zu beobachten, dass sich Mütter von Kleinkindern selbstvergessen mit ihrem Smartphone beschäftigen.

Von Zeit zu Zeit ist es hilfreich zu überprüfen, wie unabhängig wir noch von unseren digitalen Begleitern sind:

- Wie oft gelingt es uns, das Smartphone stumm oder in den Flugmodus zu schalten?
- Welche Zeiten sind uns dafür bedeutsam genug?
- Haben sich diese Zeiten in den vergangenen Monaten eher vermehrt oder verringert? Wie wäre das zu erklären?
- Wie oft sieht mich mein Kind online agieren? In welcher Weise artikuliert es Interesse, Zustimmung oder Ablehnung für diese Aktivitäten?

Mit Beginn der Pubertät verstärkt sich die Onlinenutzung per Smartphone, Tablet, PC oder Spielkonsole bei vielen Jugendlichen mitunter stark und oft schubweise. Das hängt vom Zusammenspiel verschiedener Komponenten ab – so etwa von der Art, wie sich die Gruppe der Gleichaltrigen organisiert, welche Themen und Aktivitäten gerade eine große Rolle spielen, auf welche Weise der Jugendliche Zugang zur Welt findet, welche Strategien ihm zur Abgrenzung von den Eltern und Sicherung seiner Autonomie hilfreich erscheinen, in welcher emotionalen Verfassung er sich überwiegend befindet und wie es ihm aktuell gelingt, belastende Erfahrungen zu verarbeiten.

Erlebt die Familie dann einen solchen virtuellen Aktionsschub bei dem Jugendlichen, wird der Ton meist rauer. Die Bereitschaft des Jugendlichen, fremdbestimmte Dinge – sogenannte Pflichten – zu erfüllen, wird geringer. In den weit überwiegenden Fällen sind es die besonders sensiblen Gemüter der Familie – also die Mütter –, die sich nun um die Entwicklung und Zukunft des Kindes sorgen. Sie haben oft das Gefühl, dass es im Vergleich zu ihrem eigenen Gebrauch etwas völlig anderes ist, was der Jugendliche online veranstaltet: endlose Chat-Sitzungen, das Schauen unzähliger Videoclips, vereinnahmende Rollenspiele, der Austausch Hunderter von Bildern täglich, Shooter-Spiele, die Gewalt enthalten …

Die eigenen medialen Erfahrungen scheinen dagegen unvergleichlich weniger intensiv – und zudem viel sinnvoller. So sind es häufig die Mütter, die das virtuelle Tun ihrer Kinder vorschnell verurteilen, ohne ihre eigenen Onlineaktivitäten kritisch zu hinterfragen.

3.2 Papa kennt sich aus

Bei den Vätern sieht das etwas anders aus. Sie sind oft diejenigen, die für eine umfassende Ausstattung an Bildschirmmedien gesorgt haben – für sich selbst, für die Familie, für jedes einzelne Kind. Sie sind die Fachmänner. Von ihnen kommt in der Regel das Know-how für den Umgang mit der Technik oder dafür, wie man ein Smartphone bedient. Die ersten Renn-, Fußball- oder Actionspiele am PC oder an der Konsole werden als gemeinsames Event zelebriert.

Die Väter stehen – zumindest anfänglich – auch einem intensivierten Mediengebrauch meist etwas gelassener gegenüber. Sie wissen um das Faszinosum ausgefeilter Technik mit der unendlichen Vielfalt individueller Nutzungsmöglichkeiten. Sie haben mitunter selbst irgendwann den einen oder anderen Kontinent der virtuellen Welt intensiv bereist. Kampf-, Strategie-, Sport-, Abenteuer-, Action- oder Simulationsspiele können auch für gestandene Männer sehr attraktiv sein.

Viele Männer pflegen Freizeitaktivitäten, die sich entweder nur oder besonders einfach, effektiv oder elegant mithilfe elektronischer Medien gestalten lassen – sei es das Recherchieren guter Lösungen für handwerkliche Herausforderungen, die Ordnung und Archivierung von Musik, die Unterhaltung durch interessante Videoclips oder eben das Spielen. Dann wirkt die Ermahnung, dass der Jugendliche seine Onlineaktivitäten massiv einschränken soll, nicht sehr überzeugend.

Manchmal muss es erst so weit kommen, dass die Partnerin massiv drängt oder die ungünstigen Konsequenzen einer weiteren unbeschränkten Mediennutzung des Kindes überdeutlich werden, bis sich auch der Vater entschließt, etwas dagegen zu unternehmen – dann aber richtig. Nun ist der Jugendliche mit zwei sorgenvollen Elternteilen konfrontiert und hat mit seinen Argumenten kaum eine Chance, wirklich gehört zu werden. Das Potenzial, welches in dem authentischen Signalisieren besteht, dass man für Teile des exzessiven Onlineagierens echtes Verständnis hat, bleibt meist ungenutzt.

Es gilt also herauszufinden, was mir als Elternteil am virtuellen Tun so bedeutsam erscheint:

- Was habe ich selbst schon alles ausprobiert?
- Was hat mich besonders »gefesselt«?
- Wie würden das meine beste Freundin, mein bester Freund oder Familienangehörige beschreiben?
- In welcher Verfassung habe ich das Internet besonders stark genutzt?
- Warum war oder ist die Virtualität manchmal leichter erträglich als die Realität?
- Welche Umstände sind oder waren für mich überzeugend, mich wieder intensiver offline zu bewegen?
- Unter welchen Bedingungen ist das Agieren in der berührbaren Welt vielversprechender?
- In welchem inneren Zustand ist für mich das »Reale« besonders attraktiv?
- Was hilft mir, eine gute Orientierung in meinem Leben zu finden?
- Wer ist bzw. war mir dafür sehr wichtig?

Achtung: Bevor Sie sich dem nächsten Schwung von Fragen stellen, gönnen Sie sich etwas Zeit. Wie schon in der Einleitung erwähnt: Es geht nicht darum, alle Fragen (möglichst schnell) »abzuarbeiten«.

Nach dem Abgleich mit sich selbst könnten Sie sich nun mit dem Tun des Jugendlichen befassen:

- Welche Beobachtungen und Beschreibungen ließen sich in ähnlicher Weise auf mein Kind übertragen?
- Welche Erklärungen würde mein Kind für sich völlig ablehnen, welche würde es weitgehend bestätigen?

- Welche Umstände haben sich im Vergleich zu meiner Jugendzeit stark gewandelt, welche sind nahezu unverändert?
- Welcher virtuellen Hauptbeschäftigung geht mein Kind nach? Warum ist gerade diese zurzeit sehr wichtig?
- Welche Folgen sind bei fortgesetzter Intensität zu erwarten?
- Für wen wäre diese Entwicklung am schlimmsten? Wer würde es eher gelassen sehen?
- Wie würden Freunde und Angehörige ihre Beobachtungen beschreiben?
- Wann gelingt es meinem Kind, seine Gefühle gut selbst zu steuern?
- Was braucht es dafür? Wie erkläre ich mir das?
- Wodurch erfährt mein Kind Orientierung?
- Welche Werte scheinen ihm wichtig zu sein?
- Welche lehnt es zurzeit offensichtlich ab?
- Wie würde mein Kind das begründen?

3.3 Das Monopol der Töchter

Junge Menschen in unserem Land erleben heute eine historisch einmalige Kindheit und Adoleszenz. Nie zuvor wurden ihnen so viel materielle Zuwendung und gesellschaftliche Aufmerksamkeit zuteil. Gleichzeitig hat sich ihr selbstbestimmter Bewegungsradius immer weiter verringert. Die Möglichkeiten, in der berührbaren Welt Neues zu entdecken oder Ungewöhnliches auszuprobieren, scheinen für sie sehr beschränkt. Das äußere Erscheinungsbild und der Habitus von Jugendlichen unterscheiden sich oft kaum von dem der Elterngeneration. Manche Fünfzigjährige wirkt (aus einiger Entfernung) ebenso jugendlich wie eine Fünfzehnjährige.

Heutige Eltern pflegen spannende Hobbys, sind gut vernetzt und online aktiv. Für diejenigen, die sich von ihren Eltern unterscheiden wollen, bleibt nur, die Aktivität in einem bestimmten Bereich zu intensivieren. Da die Eltern oft Vorbehalte dagegen haben, ihre Kinder im urbanen Raum freizügig agieren zu lassen, und da es in ländlicher Umgebung mitunter einen Mangel an Anreizen gibt, bleibt meist nur die Intensivierung virtuellen Handelns. Was die Eltern an Berichten, Krimis oder Actionfilmen sehen, bestärkt oft noch das ungute Gefühl in Bezug auf die unbeaufsichtigten Aktivitäten der Jugendlichen. (Die Kriminalitätsstatistik weist hingegen eine rückläufige Tendenz für Straftaten mit minderjährigen Opfern aus. Allerdings könnte sich diese Gefahr durch die Internetnutzung des Kindes erhöhen, wenn es naiv auf Avancen eingeht.)

Durch biologische und gesellschaftshistorische Faktoren gibt es in der Entwicklung von Mädchen und Jungen massive Unterschiede. Beispielsweise neigen Mädchen eher dazu, Probleme zu internalisieren, und sind damit anfälliger für Depressionen oder Essstörungen. Auch die Schwankungen im Hormonhaushalt können zu existenziellen Tiefs führen. Jugendliche Mädchen verbringen besonders viel Zeit damit, sich selbst zu reflektieren, sich auszutauschen, und erhalten auf diese Weise oft mehr Hilfe als Jungen. Allerdings können intensive Beziehungen zu Freundinnen bei Konflikten auch gefährlich werden, da Mädchen stark unter solchen Spannungen leiden. Besonders schwierig wird es für früh pubertierende, wenn die äußere Erscheinung ihrem kognitiven und emotionalen Entwicklungsniveau vorauseilt. Sie sind von den an sie gestellten Erwartungen häufig überfordert. Dieses Erleben wird durch das unbedarfte Verbreiten koketter oder freizügiger Fotos im Internet verschärft.

Während der Pubertät kann man bei Mädchen dann häufig chronischen Stress und weniger Selbstzufriedenheit beobachten. Jungen fallen in dieser Phase leichter auf, weil sie eher aggressiv werden – sie neigen quasi zum Externalisieren ihrer Probleme.

Seit einigen Jahren haben mediale Anbieter verstärkt auch Mädchen und junge Frauen als Zielgruppe im Visier. Regelmäßig entstehen neue Plattformen, die noch konsequenter auf weibliche Bedürfnisse zugeschnitten sind. Sie ermöglichen es immer besser, sich einerseits in eine Gemeinschaft eingebunden zu fühlen und andererseits viele Facetten medialer Selbstdarstellung zu gestalten. So können quasi gleichzeitig zwei im Grunde entgegengesetzte Strebungen befriedigt werden: jene nach Verbundenheit und jene nach Autonomie.

Gelingt dies erfolgreich – erhält ein User also stets viele positive Rückmeldungen –, werden Glücksempfindungen ausgelöst, die in dieser Form kaum auf andere Weise zu erzeugen sind. Das führt häufig zu einer Verstärkung der dafür notwendigen Aktivitäten und zu einer radikalen Abwehr aller beschränkenden Umstände. Mädchen begeben sich dann so oft wie möglich in den virtuellen Raum und wirken doch über die meiste Zeit beschützt und kontrollierbar. Sie halten sich meist zu Hause oder an bekannten Orten auf und haben im Vergleich zu den Jungen weniger starke Ambitionen, Suchtstoffe oder Sexualität auszuprobieren.

Das ist für Eltern eine Zeit lang sehr beruhigend – angesichts der massenmedial geschürten Panik vor gefährlichen Situationen in der Realität. Da Töchter dies unbewusst wahrnehmen, richten sie sich guten Gewissens online ein. Ein möglicher Effekt dabei ist jedoch, dass die Bedeutsamkeit von haptischem Interagieren allmählich verblasst. (Wirkliche) Freunde, Familie oder Schule verlieren nach und nach an Wichtigkeit. Das, was im Netz geschieht, ist bedeutungsvoll – und verleiht Bedeutung. Hier agieren scheinbar nur wenige andere so gewinnend, so interessant und so effektiv. Hier kann ein Mädchen sein Selbst noch monopolistisch inszenieren – als Monopol auf die virtuelle Zuwendung durch andere (Bekannte und Unbekannte).

Eltern, die mit der Zeit eine ungünstige Wirkung der exzessiven Aktivitäten beobachten und eine zeitliche Beschränkung der Nutzung fordern, gefährden das Monopol. Nicht selten entwickelt sich dann ein Machtkampf, bei dem Eltern manchmal erkennen müssen, dass sie einer 14- oder 16-Jährigen eine Verhaltensänderung nicht ohne Weiteres aufzwingen können.

Wie ließe sich ein solcher Machtkampf, bei dem oft beide Parteien verlieren, verhindern oder abkürzen? Meist wird eine Handvoll Argumente immer und immer wiederholt – mal freundlich, oft nachdrücklich, manchmal aggressiv. Je öfter die gleichen Begründungen für eine erhoffte Verhaltensänderung vorgebracht werden, umso mehr verlieren sie an Gewicht. Argumente, die nicht überzeugen, sind wirkungslos.

Günstig wäre es, die eigene Perspektive darzustellen: Beobachtungen, vermutete Zusammenhänge, mögliche Folgen für die Zukunft und die ganz individuellen Sorgen und Befürchtungen – möglichst ohne Schuldzuweisungen. Der ehrliche Wunsch zu verstehen erhöht die Chance auf ein echtes Gespräch. Auch die Jugendliche sollte ihre Sicht für die Eltern nachvollziehbar darstellen und begründen.

Der Austausch dieser Argumente sollte möglichst auf neutralem Boden geschehen – vielleicht in einem Café oder Restaurant, während eines Ausflugs oder nach einem Kinobesuch. Dabei sollte jeder bemüht sein, die andere Seite wirklich zu hören und ihre Argumente nachzuvollziehen. Im günstigsten Fall kann man dann gemeinsam Vereinbarungen treffen, die für alle – zumindest für die kommenden zwei Wochen – akzeptabel sind (siehe auch Kap. 6).

Die Energie, die in das immer lauter werdende Vorbringen der immer gleichen Ärgernisse gesteckt werden müsste, ließe sich dann für viel angenehmere Dinge nutzen – beispielsweise für die Organisation eines entspannenden Ausflugs mit Ihrem Partner …

3.4 Die Macht der Söhne

Im ersten Lebensjahrzehnt sind Jungen anfälliger als Mädchen. Unter anderem sind die schulischen Anforderungen heutzutage eher auf Mädchen zugeschnitten: Schüler sollen ordentlich sein, über sich reden können und versuchen, fremde Perspektiven einzunehmen. Eltern sprechen mit Jungen seltener über ihre Gefühle. So lernen Jungen kaum, mit Emotionen umzugehen und brauchbare Bewältigungsstrategien zu entwickeln. Das kann mitunter in eine erhöhte Aggressivität münden.

Von der Familie und Gesellschaft wird erwartet, dass ein Kind seine aggressiven Impulse unterdrückt. Gelingt es ihm nicht, drohen Repressionen. In der Welt der Computerspiele hingegen wird ein permanent aggressives Verhalten in der Regel eher belohnt. Hier kann ein Junge seine Macht- und Gewaltfantasien bis zum Exzess ausleben. Eine Reihe von Spielen honoriert brutales Handeln. Fast immer geht es darum, einen Gegner zu besiegen oder den eigenen Einflussbereich auszubauen.

Manchmal bieten Spiele die Möglichkeit, als guter oder böser Charakter eine Story zu durchlaufen. Für viele Jungen scheint dann die »dunkle Seite der Macht« attraktiver zu sein. (Fragen Sie doch einmal Ihren Sohn.) Möglicherweise ist das Machterleben dann sogar noch intensiver.

Macht zu besitzen bedeutet nicht nur, Selbstwirksamkeit als existenzielles Gefühl direkt zu spüren. Es bedeutet auch, stark zu sein – den Wettkampf mit anderen erfolgreich bestanden zu haben. Und es bringt die Fähigkeit mit sich, andere manipulieren zu können – dies ist die (meist ungünstige) Extremvariante der eigenen Wirksamkeit. Allein dieses Erleben lässt viele Jungen wünschen, so oft wie möglich in die virtuellen Spielwelten einzutauchen.

Nicht selten gibt es eine Reihe weiterer Intentionen. Richard Powers (2002) beschreibt in seinem Roman *Schattenflucht* den ersten Kontakt eines intelligenten, aufgeweckten und neugierigen Jungen mit einem Computer sehr eindringlich:

»Die elf Jahre, die es auf der Welt war, hatten das Kind schon verbittert. Das Leben war nichts weiter als eine eintönige Plage, in der alles vorhersehbar war, ein sehr begrenzter Lohn für grenzenlose Entbehrungen. Fernsehen war ein sadistischer

Trick, […] Sport war ihm unbegreiflich, Mädchen blieben ihm ein Rätsel, Essen ein notwendiges Übel. Aber das hier: […] Das war Erlösung. In so einer Welt hatte er immer leben wollen. Er stand am Basislager unbegrenzter Möglichkeiten […] Er blickte zu seinem Vater, hilflos vor Glück« (ebd., S. 141).

All das scheint möglich, worauf Jungen in der Adoleszenz hoffen: eigene Entscheidungsräume, unbekannte Welten, Herausforderungen, Abenteuer, die Möglichkeit, seine Kräfte zu entwickeln und seinen Verstand zu schärfen, Wettstreit, Anerkennung und der Ausbau von Macht als Beweis der eigenen Omnipotenz. Eine Vielzahl von Bedürfnissen kann durch einen einzigen Knopfdruck umfassend, bequem und risikofrei gestillt werden. So kann ein als natürlich empfundener Drang entstehen, dieses Medium so oft wie möglich zu nutzen.

Durch das intensive Befassen mit allen möglichen digitalen Medien und einem gewissen Maß an logischem Verständnis werden einem die genutzte Technik und ihre Bedienungsfinessen immer vertrauter. Auftretende Probleme werden mithilfe von Mitschülern oder Internetforen gelöst. Die Fähigkeiten des Vaters, die vielleicht zu Anfang den Einstieg in die virtuelle Welt überhaupt ermöglichten, werden schon bald übertroffen.

Jetzt ist der Sohn der Ansprechpartner in der Familie, wenn es um digitale Medien geht. Auch hieraus kann ein Machtgefühl erwachsen, welches mitunter zur eigenen Überschätzung führt. In der für den Sohn so entscheidenden Onlinewelt ist er der Spezialist. Wer in der Familie sollte also auch nur annähernd so wichtig sein wie er selbst?

Zu dem einst allein gültigen Wertesystem der Eltern tritt ein weiteres hinzu: das der realen und virtuellen Freunde. Diesen zum Teil konträren Werten gerecht zu werden ist kaum möglich. Der Versuch lässt Jugendliche unter große innere Spannungen geraten. Und diese entladen sich häufig in Aggressivität. Das bekommen dann Mutter, Vater und Geschwister zu spüren. Und wenn der Sohn kaum weiß, wohin mit seiner Aggression, bieten martialische Pixelwelten die scheinbar beste Möglichkeit, sich ihrer zu entledigen.

In den Fantasy-, Horror- oder Kriegsszenarien kennt er sich aus. Er ist auf alle Eventualitäten gefasst, kann das Verhalten der Mitspieler oder computergenerierten Gegner einschätzen und einordnen. Falls er sich doch genervt, bedrängt oder verängstigt fühlt, kann er sich aus dem Spiel ausloggen – sich der belastenden Situation also jederzeit sofort entziehen.

So wird der Handlungs- und Kommunikationsspielraum mitunter immer mehr auf die Optionen Angriff oder Rückzug reduziert. Es wird immer schwieriger, offen zu argumentieren und Kompromisse zu finden. Das eingeschränkte Verhaltensrepertoire eines langjährigen exzessiven Spielers führt bei dem Versuch realer Interaktion nicht selten zu Frustrationen und damit zu schnellem Rückzug in die gewohnte Welt der Lichtpunkte. Die Herausforderungen der berührbaren Welt sind für ihn ungeheuer(lich) geworden.

Es ist also wichtig, bei allem Verständnis für das virtuelle Agieren eines Jungen auf die Balance zwischen haptischem und virtuellem Handeln zu achten. Kinder und Jugendliche sind überwiegend emotionsgesteuert. Sie tun das, was ihnen Spaß macht und im Moment nützlich erscheint – wenn sie können.

Im Internet lässt sich unendlich viel tun, was Spaß macht oder nützlich erscheint. Der eigene Körper gerät darüber leicht in Vergessenheit. Der ist jedoch auf Bewegung ausgelegt. Wird ihm diese dauerhaft verwehrt, sendet er Signale: Verspannungen, Schlafstörungen, Unwohlsein. Hinzu kommen Durchblutungsstörungen und skelettale Veränderungen. Zudem hat die Hirnforschung gezeigt, dass Gelerntes im Zusammenspiel mit körperlichen Aktivitäten optimal gefestigt und integriert wird. Schulisches Lernen würde also auch leichter fallen, wenn für ausreichend Bewegung (möglichst an frischer Luft) gesorgt wäre.

So kann exzessive Computernutzung in vielfacher Hinsicht einen ungünstigen Effekt haben: Sie verschärft bestehende Probleme, führt zu körperlichem Unbehagen und behindert effektives Lernen.

Je länger die Phase war, in der Bewegung für Ihr Kind eine untergeordnete Rolle gespielt hat, umso größer ist für Sie die Herausforderung, dieses zu ändern. Beginnen Sie behutsam. Laden Sie Ihr Kind beispielsweise zu einer Massage auf der Couch ein. Massieren Sie ihm Nacken und Kopf, Schultern und Rücken – wenn möglich bei leiser entspannender Musik. Lassen Sie Ihr Kind wieder spüren, wo es überall Muskeln besitzt. Holen Sie das Federballspiel oder den Fußball aus dem Keller. Gehen Sie mit ihm an die nächste Tischtennisplatte (vielleicht könnten Sie auch gemeinsam eine für den Hof bauen) …

Motto für die nächsten Wochen: Bewegung mit möglichst viel Spaß!

Werten Sie dabei das virtuelle Tun nicht ab, sondern interessieren Sie sich wohlwollend in dem Maße, wie Sie eine Veränderung erhoffen. Setzen Sie dies in ein angemessenes Verhältnis zu körperlichen Aktivitäten.

Jeder Stunde, die bewegungslos mit digitalen Medien verbracht wird, sollte eine bewegte Stunde gegenüberstehen.

Das kann natürlich je nach Alter und Möglichkeiten variieren (siehe auch Kap. 6).

3.5 Das Verständnis der Lehrer

Viele Pädagogen machen die Erfahrung, dass eine hohe Smartphone- oder Computeraffinität ihrer Schüler in mehrfacher Hinsicht ungünstige Konsequenzen zeitigt. Zum einen nehmen sie wahr, dass sich die Schüler immer weniger für schulische Themen und deren Aufbereitung interessieren. Des Weiteren haben sie mitunter das Gefühl, sie müssten mit den rasanten Bildwelten des Internets konkurrieren. Die Konzentrationsfähigkeit und das Vermögen bzw. der Wille, sich langfristig intensiv mit einem Thema auseinanderzusetzen, scheint bei den Schülern durch die Dynamik einer ständigen Mediennutzung zu sinken. Und letztlich stört die manchmal zwanghaft wirkende Beschäftigung mit dem Smartphone das Unterrichtsgeschehen selbst.

So ist nachvollziehbar, wenn Lehrer nur wenig Verständnis für Eltern aufbringen, die schon ihren elfjährigen Kindern einen kaum beschränkten und wenig hinterfragten Medienkonsum gestatten. Manchmal geht es in Pausen- oder Unterrichtsgesprächen fast ausschließlich darum, welchen Computerspielen oder sonstigen Internetaktivitäten die Kinder sich nach der Unterrichtszeit widmen werden. Vor- oder nachbereitende Aufgaben für zu Hause bleiben oft unerledigt, viele Unterrichtsinhalte müssen immer wieder nachgefragt werden, da die Schüler sie in der Regel nicht verinnerlicht haben.

Zeichnet sich parallel zur Intensivierung der medialen Nutzungsgewohnheiten eines Schülers ein massiver Leistungsabfall ab, sehen Pädagogen ihre Einschätzung einer durchweg ungünstigen Wirkung der Medien bestätigt.

Selbst aufmerksamen und empathischen Lehrern bleibt die Verhaltensänderung eines virtuell immer aktiveren Schülers allerdings mitunter lange Zeit verborgen. Auch exzessive Gamer wirken oft sozial integriert, da sie sich ständig mit Mitschülern austauschen. In vielen Fällen spielen mehrere Schüler einer Schule dasselbe Onlinespiel, sodass täglich neuer Gesprächsstoff entsteht: Aktionen des Vortags werden ausgewertet, neue Aktionen vorbereitet. Für einen Pädagogen ist eine zunehmend intensivere Spielaktivität eines Schülers also gar nicht so leicht an einer Änderung seines Sozialverhaltens zu erkennen.

Die Leistungen vieler Schüler variieren innerhalb eines Schuljahres mehr oder weniger. Man muss nicht jede Änderung hinterfragen oder gar mit den Eltern diskutieren. Verschlechtern sich die Leistungen eines Schülers innerhalb weniger Wochen oder Monate allerdings in mehreren Fächern, sollte der Klassenlehrer die Eltern zu einem Gespräch bitten.

Falls sich in dem betrachteten Zeitraum eine intensive Internetnutzung etabliert hat, sollte man auf das Risiko langfristiger Folgen hinweisen. In extremen Fällen könnte man den Eltern anbieten, zum nächsten Gespräch einen Berater einzuladen, um sich über mögliche Hilfestellungen auszutauschen.

Wenn sich bei einem Schüler die unentschuldigten Fehlzeiten häufen, ist in jedem Fall zeitnah ein Elterngespräch zu führen. Hierbei sollte man die exzessive Internetnutzung unbedingt thematisieren. Denn den Eltern ist selten in vollem Umfang bewusst, welche Konsequenzen eine frühe intensive Spielleidenschaft ihres Kindes für die Bewältigung schulischer Anforderungen hat. Eltern-Lehrer-Gespräche verlaufen dann erfolgreich, wenn jeder die Beobachtungen des anderen unvoreingenommen anhört. Für Eltern ist die pädagogische Perspektive manchmal kaum nachvollziehbar, wenn sie den Eindruck bekommen, es sei irgendwie von einem ganz anderen Wesen die Rede. Das Verhalten eines Kindes oder Jugendlichen in einer Gruppe unter Leistungsdruck und mit stark eingeschränkter Bewegungsmöglichkeit ist naturgemäß ein anderes als das zu Hause.

Auch für den Lehrer wirken die elterlichen Beschreibungen mitunter sehr merkwürdig. Hier sollte man gemeinsam überlegen, welche Rahmenbedingungen und Umstände es dem Schüler erleichtern würden, das gewünschte Verhalten zu zeigen. Manchmal wirkt schon ein aufmerksames und empathisches Gespräch zwischen Lehrer und Schüler in ungeahntem Maße motivierend. Spürt der Jugendliche, dass er dem Lehrer trotz aller Reibereien als Mensch wertvoll ist und dieser sich ernsthafte Sorgen um seine Zukunft macht, kehrt vielleicht ein wenig Selbstvertrauen zurück – ebenso wie das Vertrauen in den Lehrer. Manchmal ist das schon genug, um die Herausforderungen der Realität wieder hoffnungsvoller anzunehmen.

4 Die Verantwortung

4.1 Verantwortung erfordert Mut

Sie als Eltern stellen sich der großen Verantwortung für das Heranwachsen und Gedeihen eines Menschen. Sie nehmen Entbehrungen in Kauf, sind um das Wohl der Familie besorgt und stellen Ihre eigenen Bedürfnisse zurück. Und Sie nehmen jeden Tag aufs Neue die Herausforderungen Ihres individuellen Familienalltags an. Sie haben also schon größten Mut zur Verantwortung bewiesen.

In erster Linie soll es auch um das in Ihrem Kind angelegte Verantwortungsgefühl gehen. Dafür könnte es wiederum hilfreich sein, wenn Sie sich an entsprechende Erlebnisse Ihrer Kindheit und Jugend erinnern.

- Welche Erfahrungen habe ich bei der Bewältigung meiner ersten größeren Aufgaben gesammelt?
- Bin ich die Herausforderungen eher zögerlich oder forsch angegangen? Welche Überwindung hat es mich gekostet, mich darauf einzulassen?
- Habe ich mir selbstständig Aufgaben gesucht? Oder habe ich mich – wenn möglich – lieber entzogen, weil mir anderes wichtiger war?
- Für wen habe ich Aufgaben gern erfüllt?
- Mit wem habe ich Aufgaben besonders gern gemeinsam angepackt?
- Welches Gefühl hat sich nach einer erfolgreich bewältigten Aufgabe eingestellt? Wo kann ich dem heute in meinem Körper am ehesten nachspüren?
- Wie häufig hat man von mir das Lösen schwieriger Aufgaben erwartet?
- Wie häufig habe ich die Herausforderungen angenommen?
- Was hat sich im Laufe der Zeit bei der Bewältigung gleichartiger Aufgaben verändert?

- Welche unangenehmen Gedanken und welche schönen habe ich noch heute in Erinnerung?

Wenn Sie dann in der Erinnerung zur weniger weit zurückliegenden Vergangenheit zurückkehren:

- Was hat mich bewogen, die Herausforderung einer Familiengründung anzunehmen?
- Was denke ich darüber, wie ich meiner Verantwortung als Elternteil gerecht werde?
- Was macht mir besondere Freude beim Wahrnehmen dieser Verantwortung? Wie gelingt es mir, den Mut für diese Verantwortung jeden Tag erneut aufzubringen?
- Wie würden mein Partner und mein Kind meine Verantwortung für die Familie beschreiben?

Die Grundlage für das Verantwortungsbewusstsein eines Kindes bildet seine Erfahrung, wie seine Eltern die existenzielle Verantwortung für die Familie übernehmen. Kern dieser Verantwortung ist der Aufbau und die Pflege einer intensiven, sinnstiftenden und nachhaltigen Beziehung zum Kind. Wenn Mutter oder Vater es nicht für wertvoll erachten, eine derartige Verbindung entstehen zu lassen, ist ein Appell an die Selbstverantwortung der Tochter oder des Sohnes oft weitgehend wirkungslos. Im Grunde verhält sich der Nachwuchs dann genau so, wie die Eltern (oder ein Elternteil) sich ihm gegenüber verhalten.

> Selbstregulation in Bezug auf Mediennutzungszeiten ist ein Ausdruck dessen, dass man die Verantwortung für sich selbst wahrnimmt.

Es gilt also herauszufinden:

- Wie erlebt unser Kind das Wahrnehmen von Verantwortung in seinem Umfeld?
- Wie würde es die Investitionen beschreiben, die wir Eltern in die Pflege der familiären Beziehungen stecken?

- Wie herzlich und fröhlich erlebt es uns als Eltern dabei?
- In welcher Weise übernehmen die Großeltern familiäre Verantwortung?
- Welche Verantwortlichkeiten scheinen für die Menschen des engen familiären Umfelds sonst noch von Bedeutung zu sein?
- Warum wird gerade dafür Energie und Zeit investiert?
- In welchem Verhältnis steht dies zu der innerfamiliären Verantwortung?

Wenn Sie diese Fragen hinreichend beantwortet haben, können Sie abschätzen, wie groß die Verantwortungsbereitschaft Ihres Kindes ist. Sie wissen nun vielleicht etwas genauer, wie leicht oder schwer Ihrem Kind die eigene Verantwortlichkeit fallen könnte – wie groß also sein Mut zur Verantwortung sein muss.

4.2 Verantwortung für sich selbst übernehmen

So sehr wir als Eltern auf die Anforderungen unseres Familienlebens schauen, so sehr dürfen wir die ganz eigenen Bedürfnisse nicht verdrängen. Natürlich gehört das Wohlergehen der Familie auch zu unserem – vielleicht bedeutendsten – Bedürfnis. Für diese Aufgabe können wir alle unsere bisherigen Fähigkeiten mobilisieren und sie weiterentwickeln. In der Verantwortung für die Familie können wir wachsen und Lebenssinn finden.

Unser Loyalitätsbedarf wird also für eine gewisse Zeit hinreichend versorgt. Unsere autonome Seite meldet hingegen ihren Bedarf an Tätigkeiten und Erlebnissen an, die vor allem auf uns selbst bezogen und für uns selbst bedeutend sind. Letztlich geht es uns auf lange Sicht nur gut, wenn loyale und autonome Erfahrungen in der für uns passenden Balance sind. Dann sind wir glücklich bzw. können glücklich wirken – eine existenziell wichtige Erfahrung für unsere Kinder. (Die langfristige Verdrängung autonomer Bedürfnisse bildet u. a. den Nährboden für Suchtentwicklungen.)

- Welche Dinge würde ich mir von Zeit zu Zeit gern gönnen, die nichts mit der Familie zu tun haben?
- Wann habe ich mir das letzte Mal dafür Zeit genommen?
- Wie habe ich mich danach gefühlt?
- Wann wäre es demnächst mal wieder möglich?
- Welche Vorbereitungen wären dafür notwendig?
- Wer könnte mich dabei unterstützen?
- Wer würde es toll finden, wenn ich mich mal wieder dazu entschließe?

Zu Hause sollten Kinder von ihren Eltern auch lernen können, was es bedeutet, erwachsen zu sein, und wie man beispielsweise mit Arbeitsstress umgeht. Mancher braucht dafür eine entspannende Ruhezeit auf der Couch, um anschließend mit Muße die Rosen zu schneiden oder sein Modellboot eine Runde fahren zu lassen. So lernen Kinder, wie man die eigenen Grenzen und Bedürfnisse erfühlen kann und sich dafür verantwortlich zeigt.

Eltern sollten es im Übrigen ablehnen, für die Unterhaltung in der Familie verantwortlich zu sein.

Mit Unterhaltung bzw. externer Stimulation ist hier nicht das hingebungsvolle Spielen mit dem Kind gemeint. Dafür sind Mutter und Vater durchaus und als erste verantwortlich. Aber Kinder werden heute mitunter schon ab dem Krippenalter an externe Stimuli gewöhnt – sie erwarten das dann auch in der Familie. Eltern sind oft bereit, das zu tun, weil sie es selbst so erfahren haben und für angemessen halten. Da es Kinder und Jugendliche heute häufig gewohnt sind, unterhalten zu werden, fällt vielen das eigenverantwortliche Agieren schwer. Digitale Medien sind dann wunderbare Unterhalter.

Das gemeinsame Spielen hingegen kann als hochpotentes Antistressmittel für Erwachsene und Kinder wirken – umso mehr, wenn wir als Erwachsene dabei unser inneres Kind jenes Alters etwas mehr freilassen können.

Beim Spielen draußen sollte der Fokus weniger auf den Risiken als auf den Möglichkeiten liegen.

- Was bietet uns diese Umgebung an Abenteuerpotenzial?
- Was ist hier und heute alles möglich?

Für manche Eltern ist es kaum noch auszuhalten, dem Kind zuzuschauen, wie es auf einen Baum oder eine Mauer klettert. Wer jedoch ständig Warnungen und Verbote hört, erlebt die Welt als Bedrohung – wird ängstlich und vermeidet aktives Gestalten. Natürlich muss ein Kind von den Eltern oder älteren Kindern lernen, wie es Risiken (zu hoher Baum, befahrene Straße, Chemikalien, Steckdose) angemessen erkennt, bevor es selbstverantwortlich ausgedehntere Streifzüge durch die Welt unternehmen kann. Letztlich sind allerdings jene Kinder gesünder und weniger verletzungsanfällig, die viel draußen – in einer komplexen, wenig durchstrukturierten Umwelt (vielleicht auch mal auf einem alten Dachboden) – spielen dürfen.

Das gemeinsame Spielen kann dazu beitragen, dass Kinder das bekommen, was sie am meisten brauchen: Eltern, die meistens glücklich mit sich selbst, miteinander und mit ihrem Leben sind.

4.3 Verantwortung für andere übernehmen

In der Familie ist also die Verantwortung für sich selbst und für andere untrennbar miteinander verknüpft. Kinder sollten am Beispiel ihrer Eltern erleben können, wie gut man Verantwortung für sich und andere übernehmen kann – wie viel Lust und Spaß es bereitet und wie zufrieden ein Mensch dadurch werden kann.

Verantwortung hängt immer auch mit Zielen zusammen – mit selbst- und fremdgesteckten. Die Plausibilität und die dem

Ziel zugeschriebene Bedeutung entscheiden darüber, wie stark wir uns dafür engagieren und ob wir uns der entsprechenden Verantwortung stellen wollen. Nach Auffassung des Familientherapeuten Jesper Juul sollte ein gutes familiäres Zusammenleben möglichst keine pädagogischen Ziele haben – außer der übergeordneten Hoffnung, dass Eltern und Kind ihr menschliches Potenzial entwickeln.

Ziele zu verfolgen kann manchmal anstrengend sein – insbesondere, wenn sie mit der Verantwortung für andere verbunden sind.

- Welche Ziele sind für mich so bedeutend, dass sich meine Anstrengung lohnt? Welche Ziele waren es in meiner Kindheit und Jugend?
- Was hat mich inspiriert, gerade diese Ziele konsequent zu verfolgen?
- Wie habe ich es erlebt, wenn ich ein Ziel erreicht habe?
- Wie habe ich das gefeiert?
- Welches könnte im Moment das wichtigste (bewusste oder unbewusste) Ziel meiner Tochter oder meines Sohnes sein?
- Welche Anstrengungen könnten dafür nötig sein?
- Welche Hindernisse müssen dafür überwunden werden?

Wenn Sie Ihrem Kind nun darüber hinaus das Erleben eigener Verantwortung gönnen wollen:

> Wählen Sie eine verantwortungsvolle Aufgabe, an der das Kind wachsen kann.

Diese Aufgabe können Sie gemeinsam auswählen. Sie sollte nicht zu leicht und nicht zu schwer sein. Mitunter eignet sich ein abgegrenzter Bereich besser als eine regelmäßig wiederkehrende Aufgabe. Tätigkeiten wie Abwaschen, Müllraustragen oder Kücheaufräumen sind für viele nicht sehr attraktiv und eignen sich darum eher nicht als erste größere Verantwortung.

Je nach Interessenlage könnte die Zuständigkeit für die Organisation eines Familienspieleabends, für kleinere Wohnungsverschönerungen, Reparaturen oder die Pflege bestimmter Pflanzen schon eher Energie freisetzen. Mit einer solchen lustvollen Aufgabe steigt die Chance, dass Ihr Kind die Verantwortung gern und erfolgreich übernimmt.

Die Aufgabe sollte eine Reihe freier Entscheidungen ermöglichen.

Wie sehr wir unsere Kinder frei agieren lassen können, hängt von unserem Menschenbild ab:

- Was ist uns wirklich wichtig?
- Welche Werte sind entscheidend?

Wir sollten nicht nur auf die zukünftigen Funktionen der Kinder im Wirtschaftsleben schauen, sondern Kinder wachsen lassen, damit sie glücksfähig, kreativ und innerlich stark sein können.

Die Fähigkeit, verantwortlich zu handeln, hängt eng mit dem Selbstwirksamkeitserleben und den Erwartungen an die Selbstwirksamkeit zusammen. Sind diese angemessen ausgeprägt, entsteht das Gefühl, andere zu erreichen, etwas bewegen und bewirken zu können – eine entscheidende Voraussetzung für seelisches Wohlbefinden.

Eltern wollen im Grunde immer das Beste für ihr Kind. Werden sie in diesem Zuge jedoch zu Servicekräften für ihre Kinder, entsteht eine Dienstleistungsmentalität, die die Erfahrung der Selbstwirksamkeit eher verwehrt. In dieser Atmosphäre aufgewachsene Kinder erwarten auch weiterhin, bedient und bespaßt zu werden.

Tun Sie also nichts für Ihr Kind, was es auch selbst tun kann. Das Gefühl, etwas zu meistern, gibt Selbstvertrauen.

Ihre mütterliche oder väterliche Fürsorge sollte sich deutlich von Dienstleistungen unterscheiden. Wenn sich Kinder bedienen lassen, haben sie es durch ihre Eltern gelernt – das lässt sich jederzeit umlernen und verändern.

Als Eltern Verantwortung für eine Familie zu übernehmen bedeutet zuallererst, so ausgiebig wie möglich für eine liebevolle Beziehung zum Partner zu sorgen. Bestehen zwischen den Erwachsenen tief greifende Konflikte, fühlen sich die Kinder weniger geborgen. Falls es also Momente geben sollte, in denen Sie sich mit Ihrem Partner lautstark über immer gleiche Themen streiten, prüfen Sie die Tiefe des Konflikts. Wählen Sie einen Zeitpunkt, zu dem die Gemüter etwas abgekühlt sind – in möglichst entspannter Atmosphäre.

Schauen Sie auf das Thema, welches Sie in Bezug auf Ihren Partner zurzeit am meisten erregt:

- Seit wann bemerke ich, dass schon der Gedanke an dieses Thema mich in Rage versetzt? In welchen Situationen wurden unsere sehr unterschiedlichen Auffassungen erstmalig deutlich?
- Was war in ähnlichen Situationen vorher anders?
- Durch welches Verhalten haben ich und mein Partner bewirkt, dass eine Meinungsdifferenz kaum wahrnehmbar war?
- Wie habe ich es geschafft, dieses Thema immer mal wieder als Ventil für innere Spannungen zu nutzen?
- Welche Rituale pflegen wir, um uns nach einem Konflikt wieder anzunähern?
- Welche grundlegenden Werte unserer Liebesbeziehung werden von dem Thema berührt?
- Welcher Satz oder welche Handlung würde meinen Partner unter den jetzigen Bedingungen in der »heißen Phase« eines Konflikts überraschen?
- Was würde mich selbst erstaunen und die Reiberei vergessen lassen?
- Wie werde ich in drei Jahren mit dem Thema umgehen?

Wenn es einem Kind oder Erwachsenen in der Familie nicht gut geht, ist die Frage nach der Schuld irrelevant. (Jemandem Schuld zuweisen bedeutet, ihm zu unterstellen, in böswilliger Absicht gehandelt zu haben. In aller Regel tun das weder Liebende noch ihre Kinder.) Es zählt nur, wer die Verantwortung übernimmt, die Sache zu untersuchen und die Balance wiederherzustellen.

Viele Kinder leiden am hektischen Alltag der Erwachsenen, an deren gestressten Körpern und Hirnen. Erwachsene leiden auch – sie können sich aber besser auf ein entferntes Ziel freuen. Der Therapeut Juul meint weiter, Stress mache unempathisch, introvertiert, egozentrisch und asozial (Juul 2012).

Wir sollten also versuchen, uns nur so viel Stress zuzumuten, wie er für unsere Aktivitäten notwendig ist. Ungünstigerweise ist ein intensivierter Mediengebrauch dafür gerade nicht geeignet. Wenn er uns auch in vielen Bereichen entlasten kann, uns grenzenlose Unterhaltung und Kommunikation ermöglicht, fordert er immer (mehr) Aufmerksamkeit – und damit Energie und Zeit: Lebenszeit, die wir zur Entfaltung unserer Potenziale besser nutzen könnten. Es ist ein wenig wie in einem Billig-Supermarkt: Wir nehmen hier noch etwas mit und dort noch etwas – es kostet ja so wenig. Und dann stellen wir fest, dass wir ein Drittel davon gar nicht brauchen und an den anderen zwei Dritteln doch nicht so richtig Freude haben, weil es qualitativ minderwertige Ware ist.

4.4 Erziehung fordert uns heraus

Vorweg eine Bemerkung zum Einfluss des Erbguts …

Kleiner Exkurs: Gene und Umwelteinflüsse

Für die Entwicklung eines Menschen ist letztlich immer das Zusammenspiel von Genen und Umwelt entscheidend. Auch die in den Genen angelegten Persönlichkeitsmerkmale werden im Zusammenspiel mit der Umwelt verstärkt oder abgeschwächt.

Heute geht man davon aus, dass schon das Leben der Vorfahrengenerationen Einfluss auf die Wirkung der Gene für die kommenden Generationen hat. Ernährungsweise, geistige Anstrengung, Drogenkonsum, permanenter Stress, Luftverschmutzung usw. – also Umwelteinflüsse und Lebenserfahrungen – hinterlassen Spuren im Erbgut. In welcher Weise die umfassendste und globalste Verhaltensänderung aller Zeiten – die rasant fortschreitende Nutzung digitaler Medien – wirkt, lässt sich derzeit nur vermuten, aber es liegen reichlich Indizien vor.

»Die Gene sind nur die Bühne, auf der der Mensch tanzen kann«, meint Christina Berndt (2013, S. 184), die das Phänomen der Resilienz eingehend untersucht hat. Was für ein Tanz das wird, hängt auch von der Bühne ab – von ihrer Stabilität, ihrer Höhe und ihrem Platzangebot. Nicht immer wird also das, was wir uns als Eltern an ausgewogenen, inspirierenden Erziehungsinterventionen überlegt haben, fruchten. Gegen die Gene ist man in manchen Situationen machtlos. Für Sie als Eltern ist das gut zu wissen, damit Sie sich nicht immer wieder selbst infrage stellen.

Alle wichtigen Erziehungsprinzipien sind ausgiebig beforscht, in Programme übersetzt und hunderttausendfach darauf getestet, inwiefern sie das Familienklima verbessern können. Trotzdem herrscht nach wie vor eine große Unsicherheit, wie Kinder am besten zu erziehen sind.

Das liegt zum einen an der Bedeutsamkeit des Unbewussten. Programme wirken immer dann, wenn sie an unsere unbewussten Überzeugungen andocken können. Wir müssen uns also v. a. unsere inneren Wirkkräfte bewusst machen, um nachhaltig entspannter und gelassener agieren zu können. So ist Erziehungsarbeit zuallererst Arbeit an uns selbst – nehmen Sie diese Herausforderung an!

In Bezug auf den Umgang mit den Medien wäre also die erste Frage:

- Wie beeinflusst die Mediennutzung mich selbst?
- Welche wünschenswerten Eigenschaften werden gefördert, welche eher eingeschränkt?

- Unter welchen Umständen scheint mir ein Eintauchen in die virtuelle Welt die beste aller Möglichkeiten zu sein?
- Wann geht es mir danach besonders gut?
- Aus welchen Gründen hätte ich rückblickend meine Medienzeit lieber für andere tolle Dinge genutzt?

Die meisten Erziehungsfragen basieren auf Fragen nach Liebe und Angst – und ihrem entsprechenden Ausmaß, dem möglichen Ausmaß der Liebe zu uns selbst, zu unserem Partner, zu unseren Kindern; dem Ausmaß der Angst vor Ausgrenzung, Veränderung, Krankheit und Tod.

- Wie viel Liebe von mir können meine Kinder wahrnehmen?
- Woran erkennen sie meine Liebe?
- Wie erleben sie meinen Umgang mit Ängsten?

Die wesentlichen Grundbedürfnisse eines Kindes lassen sich also einfach formulieren: Ein Kind muss Liebe empfangen dürfen und lernen können, wie man mit seinen existenziellen Ängsten umgeht.

Für die Erziehung spielen gesellschaftliche Werte ebenfalls eine wichtige Rolle. Im Industriezeitalter brauchte die Gesellschaft disziplinierte, folgsame und pünktliche Arbeitskräfte. Das Erziehungsideal wurde dementsprechend auf diese Werte ausgerichtet.

- Welche menschlichen Eigenschaften, Überzeugungen und Werte wären für das Fortbestehen der modernen kapitalistischen Gesellschaft günstig?
- Welche aktuellen Erziehungsziele ergeben sich daraus?
- Was denke ich über diese Ziele?
- Welche Erziehungsziele verfolge ich als Elternteil?
- Wie wichtig ist mir die Beziehung zu meinem Kind – als wichtige Grundlage seines Werdens?
- Wodurch wäre eine förderliche Beziehung charakterisiert?

- Wäre Erziehung einfacher, wenn ich über manches etwas weniger erschöpfend nachzudenken versuchte?
- Wie wichtig waren für mich Naturerfahrungen?
- Auf welche Weise gönne ich diese meinem Kind?

Eine grundlegende Elternaufgabe besteht darin, dem Kind ein alle Sinne förderndes Umfeld zu bieten. Dazu gehören reichlich Naturerfahrungen und die Einführung in die Welt des Lesens. Letzteres kann und sollte durch regelmäßiges Vorlesen geschehen. Auch das begeisterte Erzählen über Bücher, die Sie gefesselt haben, ist für Ihr Kind anregend.

Von Zeit zu Zeit können Sie sich auch mal virtuell gemeinsam nach Büchern umschauen. Wichtig ist die Möglichkeit, sich regelmäßig intensiv mit den Gedanken anderer auseinanderzusetzen. Kaum etwas hilft so gut wie die Poesie, mehr über sich selbst und seine Mitmenschen zu erfahren.

- Wie lange ist es her, dass ich mich in Ruhe nach einem schönen Buch umgeschaut habe?
- Von wem habe ich schon wunderbare Literaturempfehlungen erhalten? Welche waren das?
- Welche Romanfigur hat mir besonders imponiert?
- Welche Lektüre hat mich zu Tränen gerührt?
- Bei welchen Beschreibungen hatte ich schon den Eindruck, da denkt und fühlt jemand ähnlich wie ich?
- Welches Buch war so spannend, dass ich Tag für Tag den nächsten Kapiteln entgegengefiebert habe?
- Welche Bücher haben mein Denken und Verhalten beeinflusst?
- Auf welche Weise habe ich mich dazu verführen lassen?
- Welches Buch hat mein Leben verändert?
- Wann habe ich mir in den vergangenen Wochen ausgiebig Zeit fürs Lesen eingerichtet?
- Wie regelmäßig besuche ich gemeinsam mit meinem Kind eine Bibliothek?

Eltern sind die wichtigsten Vorbilder für ein bewegtes Leben. Bewegung fördert die Hirndurchblutung und die Vernetzung der Hirnzellen. Ausreichende Bewegung in sauerstoffreicher Umgebung ist eine entscheidende Voraussetzung, um Gelerntes nachhaltig zu verfestigen.

Kinder lernen am besten durch Begeisterung – verstärkt durch Lob und gemeinsame Freude, wenn dies echt und nicht aufgesetzt wirkt.

Daraus ergibt sich, dass die Kinder vor allem im Vorschulalter kaum Zeit vor den Bildschirmmedien verbringen sollten.

8- bis 11-Jährige haben besonders viel Energie und Fantasie. Sie lernen am besten, wenn Wissen und neue Fähigkeiten in einzelne Abschnitte gegliedert sind. Mitunter wollen sie schnell aufgeben und sind sehr kritikempfindlich. Sie müssen also behutsam begleitet werden – mit viel präzisem, mutmachendem Lob.

8- bis 11-Jährige brauchen besonders viel körperliche Bewegung. Sie unterhalten sich gern mit Eltern, wenn diese selbst neugierig sind und sich nicht als Besserwisser geben. Sie wollen Sinn und Nutzen von Aufgaben und Übungen verstehen.

Ältere Jugendliche verspüren meist ein starkes Bedürfnis nach Selbstbestimmung. Sie wollen den Sinn ihres Handelns selbst erkennen und entscheiden, was sie tun. Ihr Selbstwertgefühl ist noch sehr zerbrechlich. Für sie sollten kleine Erfolge vorprogrammiert werden, damit sie an Aufgaben wachsen können und neue Fähigkeiten entwickeln. Anerkennung und Lob – gerade von den Eltern – sind weiterhin sehr wichtig.

Vor allem in der Pubertät entwickelt sich ein starkes Bedürfnis dazuzugehören, wobei die Familie hierbei die uninteressanteste Gruppe ist: Diese Zugehörigkeit ist unumstößlich gesichert. Rituale, die die wachsende Unabhängigkeit betonen, tun in der Regel gut. Wenn Sie als Eltern dieses anerkennen und (mit-)feiern können, legen Sie den Grundstein für eine dauerhaft liebevolle Gesprächskultur.

Nichtsdestotrotz spielen Auseinandersetzungen gerade in der Adoleszenz eine bedeutende Rolle, da sie die Möglichkeit bieten, eigene Positionen konsequent zu vertreten und sein Konfliktverhalten zu testen. Die Vermeidung von Auseinandersetzungen kann zur Entfremdung führen.

Pubertierende erwarten von anderen unbedingte Ehrlichkeit und Authentizität – vielleicht, weil sie selbst gerade sehr verunsichert sind. Dazu tragen nicht zuletzt ihre körperlichen Veränderungen bei. Ungefragt sollten Eltern also nicht auf Merkwürdigkeiten der körperlichen Haltung (außer im Falle einer deutlich absehbaren krankhaften Entwicklung), der Kleiderauswahl, des Stylings o. Ä. hinweisen. Jugendliche empfinden dies als Abwertung und gehen eher in eine noch ungünstigere Trotzhaltung.

Die Unsicherheit in einer immer komplexer verwobenen Welt mit ihren ökologischen und ökonomischen Problemen ist auch für junge Menschen deutlich spürbar. Vielen brennt die Frage nach dem »Was und wann etwas aus ihnen wird« auf den Nägeln. Für manche entwickelt sich daraus ein Dauerstress, der ihre Attitüde noch radikaler und aggressiver werden lässt. Je geringer Selbstwert und Selbstvertrauen ausgebildet sind, desto größer ist der empfundene Stress. Für die Orientierung in dieser unberechenbaren Welt bleiben trotz aller außerfamiliären Erfahrungen und Eindrücke die Eltern weiterhin die eigentlichen Fixsterne.

Pubertierende sind oft große Anführer und Problemlöser und können kleinen Kindern als Mentoren dienen – was unter anderem den Selbstwert stärken und ihr Selbstvertrauen erhöhen kann.

Für dieses Alter gilt in besonderem Maße:

> So viel Entscheidungsfreiheit wie möglich, so viele Regeln wie nötig.

Wenn eine Reglementierung der Mediennutzung notwendig wird, suchen Sie gemeinsam einen Kompromiss: vorzugsweise in Form eines Wochenlimits. Sorgen Sie für die technischen Voraussetzungen zur Einhaltung solcher Limits (siehe Kap. 2.1). Diskutieren Sie logische oder natürliche Konsequenzen bei der Vernachlässigung von Hobbys, die mit Bewegung verbunden sind, oder von häuslichen Pflichten.

Um als Elternteil und Mensch weiter zu wachsen, ist es hilfreich, weniger auf sich selbst zu schauen. (Beim Tangotanzen funktioniert das ganz ähnlich: Der Führende kann seine aufrechte Haltung dann gut beibehalten, wenn er beständig versucht, den Folgenden wachsen zu lassen.)

Das Wachsen wird viel leichter möglich, wenn wir unsere Kinder und unseren Partner im Blick haben.

- Welche meiner Reaktionen hilft meinem Kind am ehesten, sich zu entwickeln?
- Welche meiner Eigenschaften könnte die Größe meines Partners besonders gut zum Vorschein bringen?
- Welcher Zeitpunkt wäre dafür günstig?
- Wie gelingt es mir, dass mein Partner seine Potenziale ausschöpfen kann? Durch welche ehrlichen Worte fühlt sich mein Kind anerkannt und wertgeschätzt?
- Wie müsste ich mich verhalten, damit mein Kind eine Ahnung von seinem Potenzial bekommt?

4.5 Medienerziehung ist einfacher als gedacht

Wie schon in der Einleitung erwähnt ist Medienerziehung eigentlich ganz einfach. Mit einer gesunden Portion an Liebe, Zuwendung, Interesse, Offenheit und Lebenslust kann man auch in einem radikal digitalisierten Umfeld adäquate Lösungen finden.

Für den familiären Umgang mit Medien ist weniger das mediale (Bedienungs-)Wissen entscheidend, als vielmehr die Perspektive und die Art des elterlichen Umgangs. Grundsätze und Ziele, die es Ihnen selbst und damit auch Ihren Kindern ermöglichen zu wachsen, sollten möglichst klar sein – und das darauf beruhende Handeln möglichst konsequent. Eine regelmäßige Prüfung der Passgenauigkeit Ihrer Strategie und ggf. eine flexible Modifizierung erhöhen die Erfolgschancen.

Wie viel Verrücktheit gönnen Sie sich heute noch?
Kinder und Jugendliche wollen und müssen verrückte Dinge tun. Je mehr ihr Abenteuergeist durch reale Verbote in die Flasche gepresst wird, umso mehr kommt ihnen das Internet wie ein Märchenland vor. So ist der Geist für die Außenwelt in der Flasche gefangen und doch frei im virtuellen Wunderland.

Wenn Eltern für sich selbst Verrücktes zulassen können, fällt ihnen dies auch bei ihren Kindern viel leichter.

- Was könnte ich im Moment mit meinem Kind Verrücktes erleben?
- Was war das Verrückteste, das ich im vergangenen Jahr unternommen habe?
- An welche verrückte Begebenheit erinnere ich mich immer mal wieder und erzähle begeistert davon?
- Wenn Sie dann auf die konkrete aktuelle familiäre Mediensituation schauen, prüfen Sie: Sind die Art und Weise sowie Dauer und Inhalt der Mediennutzung meines Kindes im Moment für irgendetwas hilfreich?

Das könnten beispielsweise Entwicklungsaufgaben, Ablösungsprozesse oder die Fähigkeit sein, einen Kontakt anzubahnen, ein Unglück zu verarbeiten, sich abzulenken oder kreativ zu sein. Schauen Sie nicht zuerst auf die maximal möglichen Spätfolgen.

Falls Sie die letzte der obigen Fragen – für den Moment – nicht eindeutig mit »ja« beantworten können, überlegen Sie, was stattdessen besser helfen könnte. Vielleicht finden Sie die Antwort auch gemeinsam mit Ihrem Kind.

Die Beantwortung folgender Fragen kann Ihnen viele Entscheidungen zum Umgang mit digitalen Medien vereinfachen:

- Welche Wünsche sind mit der angestrebten Mediennutzung verbunden? Lassen sich diese auch auf andere Weise erfüllen?
- Was gibt es für attraktive, lustvolle gemeinsame Alternativen zum Medienkonsum?
- Welche verantwortungsvollen Aufgaben meistert das Kind bzw. der Jugendliche zurzeit?
- Welche Ansprüche stelle ich als Elternteil an die Persönlichkeitsentwicklung meines Kindes?

Nach meiner Erfahrung gelten zwei nahezu banale Grundsätze:

Grundsatz I

Je früher sich Eltern über eine konstruktive Mediennutzung in der Familie Gedanken machen, desto einfacher wird es später.

Grundsatz II

Es ist nie zu spät, den Umgang mit den Medien nachhaltig günstig zu gestalten.

Eine erste Regel, die Sie gemeinsam bewusst aushandeln, sollte sich nicht gleich auf den Umgang mit digitalen Medien beziehen. Medien sind Hilfsmittel und sollten in ihrer Wichtigkeit auch so behandelt werden – also nicht als das zentrale Thema für einen so inspirierenden und kreativen Prozess, wie es das Aushandeln einer familiären Vereinbarung ist.

Was stärkt die Familienmitglieder?

Hierbei können Sie sich an den Ergebnissen der Resilienzforschung (vgl. Berndt 2013) orientieren, also jener Forschung, die ergründen will, welche Faktoren für eine hohe psychische Widerstandsfähigkeit gegenüber den Widrigkeiten des Lebens sorgen.

Wir brauchen Menschen, die uns gern haben und auf die wir uns verlassen können.

Wir sollten ein wohlwollendes Bild von uns selbst haben und respektvoll mit uns und anderen umgehen. Und wir sollten überzeugt sein, Probleme bewältigen und uns selbst steuern zu können.

Daraus folgt als erste wichtige Aufgabe für Eltern: Sorgen Sie für eine gute Beziehung zu sich selbst und zum Partner. Die zweite wichtige Aufgabe ist die Gestaltung einer guten Beziehung zum Kind.

Was die Stressbewältigung angeht, sollten wir lernen, zwischen Wichtigem und Unwichtigem unterscheiden zu können, und eine klare Trennung von Beruf und Freizeit vornehmen (uns beispielsweise nicht abends von den elektronischen Geräten vereinnahmen lassen).

Stress ist als Ansporn für Kreativität und Produktivität natürlich wichtig – er wird dann ungünstig, wenn er zu lange anhält und nicht mehr ausreichend durch Muße, Bewegung und Entspannung abgelöst wird. Auch eine ständige Reizüberflutung führt zu Stress. Wir sollten uns auf das besinnen, was uns wichtig ist, und mit dem Erreichten zufrieden sein.

Als Kennzeichen einer starken Seele hat die Resilienzforschung folgende Komponenten ausgemacht:

- Fähigkeit, verlässliche soziale Bindungen aufzubauen
- Selbstbewusstsein
- Intelligenz
- Fröhlichkeit/Humor
- Durchsetzungsvermögen
- Kraft
- Selbstkenntnis (wissen, wann es sich zu kämpfen lohnt)
- Resistenz gegen Frustration
- Selbstwirksamkeitserleben
- Bewusstsein, im Leben etwas erreichen zu können/Optimismus
- konstruktiver Umgang mit Herausforderungen

- Offenheit für Veränderungen
- vielfältige Interessen/Hobbys

Der Schlüssel zur Stärke ist das Bindungserleben – wir brauchen Bezugspersonen, die auf unsere Bedürfnisse reagieren, Grenzen setzen und Orientierung bieten, die uns Geborgenheit geben, Fähigkeiten fördern, Fortschritte anerkennen und uns unabhängig von Leistung und Wohlverhalten lieben.

Das Erziehungsklima sollte warm und akzeptierend sein, dosierte Anforderungen enthalten und Verantwortung ermöglichen.

- Welche Stärken habe ich in meiner Familie schon beobachtet?
- In welchen Situationen waren diese bisher besonders hilfreich?
- Was ist die tollste Eigenschaft meines Kindes?
- Was hat mich schon immer an meinem Partner fasziniert?
- Welche meiner Stärken würde mein Partner als Erstes beschreiben?
- Von welcher meiner Stärken war mein Kind schon einmal beeindruckt?
- Wovon würde meine Familie mir noch etwas mehr wünschen? Warum gerade davon?
- Wovon habe ich so viel, dass es für die ganze Familie reichen würde?
- Wovon wünsche ich meinem Kind noch mehr?
- Über welchen bisher verborgenen Charakterzug meines Partners wäre ich besonders glücklich?
- Was würde mich am ehesten überraschen?
- In welchen Situationen bin ich schon überrascht worden? Was genau war das Überraschende?
- Wie ließen sich Momente kreieren, in denen Überraschendes geschehen könnte?
- In welchen Situationen könnte mein Kind etwas in Bezug auf das Gewünschte lernen?
- Was könnte ich dazu beitragen?
- Wann wäre dafür der nächste günstige Zeitpunkt?

5 Die großen Themen

5.1 Angst bewältigen – besser mit oder ohne Medien?

In unseren Ängsten zeigt sich, was für eine Beziehung wir zur Welt haben. Mit weniger Angst gelingt ein Leben oft besser – es wirkt in stärkerem Maße bereichernd, liebevoller, intensiver und freier.

Wir brauchen als Eltern demzufolge v. a. wirksame Strategien gegen Angst. Dazu ist eine intensivierte Mediennutzung für die meisten Menschen keine günstige Methode. Mediale Angebote forcieren Wettbewerb und Beschleunigung und können dadurch systematisch Angst erzeugen – Angst davor, nicht mehr mithalten zu können oder immer mehr leisten zu müssen.

Für die Überwindung elementarer Ängste brauchen wir die Zuversicht, dass jede Situation zu bewältigen ist. Diese Zuversicht können wir nur gewinnen, wenn wir eine Reihe anspruchsvoller Situationen bereits gemeistert haben – anspruchsvoll in Bezug darauf, wie wir unsere Gefühle balancieren, den Umgang mit unerwarteten und verunsichernden Erfahrungen gestalten oder ein nützliches Verhalten ausprobieren.

> Als Eltern sollten wir also auch dafür sorgen, dass unsere Kinder schwierige Situationen meistern lernen.

Dafür müssen wir Geduld haben, bis die richtige Strategie gefunden ist. Das fällt umso leichter, je stärker wir uns innerlich fühlen. Paradoxerweise können wir diese Stärke umso besser entwickeln, je schwächer das Gefühl der eigenen Wichtigkeit ausgeprägt ist. Dann müssen wir nicht ständig versuchen, uns zu vergewissern, dass unser Selbstbild respektiert und akzeptiert wird. So können wir den Suchprozess unserer Kinder mit Wohlwollen, Leichtigkeit und Gelassenheit begleiten. Die »schrägen« Blicke in der Öffentlichkeit oder die vorwurfsvollen Äußerungen im Familien- und Bekanntenkreis über ein »unerzogenes« Kind tangieren uns dann weniger.

Das Gefühl, sich selbst etwas wert zu sein, ohne sich besonders wichtig zu nehmen, entsteht am ehesten im direkten Kontakt mit Freunden oder Familienangehörigen. Virtuelle Kontakte verleiten mehr dazu, bestimmte persönliche Seiten besonders herauszustellen, sich zu präsentieren und andere von der eigenen Wichtigkeit überzeugen zu wollen.

> Je mehr der eigene Wert an virtuelles Feedback gekoppelt wird, desto fragiler wird er. Auf Dauer wird so die eigene Ängstlichkeit eher erhöht als verringert.

Allerdings können sich manche Menschen schriftlich besser öffnen als im direkten Face-to-face-Kontakt. Treffen diese Menschen online aufeinander, kann sich ein sehr intensiver elektronischer Austausch entwickeln, der in dieser Form sonst kaum möglich wäre.

Die Kommunikation über eigene Ängste – z. B. auch in Bezug auf die Endlichkeit des eigenen Lebens und die Sorge um Hinterbliebene – kann entscheidend zur Selbsterforschung beitragen. Gerade der Umgang mit derartigen existenziellen Erfahrungen wird in der Herkunftsfamilie geprägt. Wenn Kinder erleben, dass ihre Eltern entsprechende Themen in der familiären Kommunikation nicht aussparen, werden sie später leichter ihren eigenen Weg finden, damit umzugehen.

Wer in seiner Freizeit sozialen Tätigkeiten nachgeht, stärkt seine emotionale Kontrolle, zeigt weniger Symptome von Angst oder Depression und entwickelt wirksamere Strategien zur Stressbewältigung. Anregende und herausfordernde Freizeitaktivitäten tragen zur Entfaltung der eigenen Ressourcen bei und erhöhen das psychische Wohlbefinden. Sport ist beglückend, da in einem bewegten Körper Endorphine und andere Glücksbotenstoffe ausgeschüttet werden, wodurch das Selbstwertgefühl gestärkt, die Wertschätzung des Lebens vertieft und der Schlaf verbessert wird. Eine der beglückendsten Freizeittätigkeiten ist das Tanzen. Eltern können ihre Kinder dazu natürlich am besten anregen, wenn sie es vorleben und zeigen, welchen Spaß sie dabei haben.

Häufige Internet- und Fernsehnutzung vermindert dagegen die Lebenszufriedenheit. Ein bequemer Konsum – wie beispielsweise das Fernsehen oder das Schauen von Videoclips im Internet – führt auf Dauer nachweislich zu einem verringerten Glücksempfinden.

Im ersten Moment scheint die Angst durch das Konsumieren jedoch vermindert, weil das Konsumierte nicht weggenommen werden kann. Aber es entwickelt sich auch der Zwang, immer mehr zu konsumieren, denn das einmal Konsumierte befriedigt nach einer Weile nicht mehr (Fromm 1979, S. 37).

Konsum ohne Anstrengung kann zwar Vergnügen und Nervenkitzel erzeugen, hinterlässt jedoch ein Gefühl der Traurigkeit, wenn der Höhepunkt überschritten ist, da die inneren Kräfte nicht zugenommen haben (ebd., S. 115). Die inneren Kräfte nehmen tendenziell sogar eher ab, wenn man die Bewältigung anstehender Entwicklungsaufgaben vermeidet, keinen adäquaten Tagesrhythmus und zu wenig Schlaf hat.

Oft bleibt dann nur die Flucht in den nächsten Kick, die nächste verführerische Erregung – Angebote dafür existieren heute in unüberschaubarer Zahl.

> Mitunter haben Eltern und Kinder deshalb so extrem unterschiedliche Einstellungen zur Nutzung elektronischer Medien, weil der intensive Mediengebrauch die Angst der Kinder – für den Moment – eher verringert, die der Eltern (als Beobachter) jedoch auf Dauer eher erhöht.

Die meisten Formen des Konsums fördern die Passivität. Das Bedürfnis nach Geschwindigkeit – heute u. a. beobachtbar an den zunehmenden Schnittwechseln in Filmen und Videoclips, den immer rasanteren Show-Inszenierungen oder wechselnden Trends – und Neuheiten (Spielerweiterungen, Features von Kommunikationsplattformen, technische Neuentwicklungen) kann ein Ausdruck der Ruhelosigkeit und der inneren Flucht vor sich selbst sein. Allerdings ist das Verlangen, ein Gefühl des Einsseins mit anderen zu erleben, eine der stärksten Antriebskräfte des menschlichen Verhaltens und auch der Hauptantrieb für das Bedürfnis, sich anzupassen. Dies könnte eine Ursache der gesteigerten digitalen Kommunikationsaktivitäten in der heutigen Zeit sein – im Sinne von: Je größer meine gefühlte oder befürchtete Einsamkeit ist, desto mehr kommuniziere ich.

Gegen das Gefühl der Einsamkeit, das von Kindern schon früh erlebt werden kann, hilft es auch nicht, wenn die Eltern immer mehr Unterhaltung anbieten – mit oder ohne Medien. Das Anerkennen der Einsamkeit als ein im Grunde richtiges Gefühl, weil wir existenziell einsam sind, wäre hilfreicher.

> Wenn es gemeinsam mit dem Kind gelingt, die Einsamkeit in Worte zu fassen und genau zu ergründen, was das Kind will und was es bekommen kann, lernt es, mit seinem Einsamkeitsgefühl umzugehen (vgl. Juul 2012).

Auch bei exzessiver Mediennutzung ist es wichtig, diese zunächst als sinnvolle und wertvolle Handlung zu akzeptieren. Versuchen Sie in diesem Fall, die Situation anzunehmen und dann gemeinsam zu schauen, ob es so, wie es ist, für alle gut und akzeptabel ist. Die Elternsorgen decken sich nicht mit denen des Exzessivnutzers. Solange Eltern in ihrer existenziellen Angst um die Zukunft ihres Kindes gefangen sind, ist ein konstruktiver Dialog kaum möglich. Es kann helfen, sich bewusst zu machen, dass keineswegs das Worst-Case-Szenario eintreten muss – dass also selbst ein Extremchatter oder Dauercomputerspieler nicht zwangsläufig verhungern, auf der Straße landen oder einsam sterben wird. Er wird sicher nicht alle Möglichkeiten der realen Welt im ersten Anlauf ausschöpfen, aber vielleicht wird alles nur zu einer anderen Zeit geschehen.

Ein ehrliches Ergründen des eigenen Lebens und der Beziehungen – zum Partner und zum Kind – sind Voraussetzung dafür, den Jugendlichen wirklich zu erreichen. Nur so kann auch er ehrlich ergründen, was er (langfristig) will.

Als Eltern können Sie sich begleitend intensiv und interessiert mit dem Kind und seinem Tun auseinandersetzen. Dabei dürfen Sie durchaus deutlich machen, dass Sie bestimmte Inhalte und/oder den Umfang der medialen Aktivitäten als ungünstig ansehen. Dieses sollte aber nie mit der Ablehnung des Kindes selbst verbunden sein, da sonst die Angst vor Ausgrenzung erst recht entfacht wird.

> »Im Kern unseres Wesens gibt es nur zwei Emotionen: Liebe und Angst. Alle positiven kommen von der Liebe (Glück, Zufriedenheit, Frieden, Freude), alle negativen von der Angst (Zorn, Hass, Sorge, Schuldgefühle) … Jeder Gedanke, den Sie fassen, bestärkt entweder Ihre Angst oder vergrößert Ihre Liebe.«
> (Kübler-Ross 2003, S. 154 ff.)

Liebe und Angst gleichzeitig zu empfinden ist unmöglich – wir müssen ständig die Wahl treffen. Alle eingebildeten Ängste beziehen sich auf die Vergangenheit oder Zukunft. Angst beruht auf etwas, das sich in der Vergangenheit zugetragen hat, und veranlasst uns, vor etwas Angst zu haben, das sich mutmaßlich in der Zukunft ereignen wird (vgl. Kübler-Ross 2003, S. 156).

Vielleicht müssen wir als Eltern wieder mehr lernen, unsere Kinder Liebe spüren zu lassen – trotz der stressigen Hektik des Alltags und trotz der verunsichernden Vorgänge in der Welt. Je mehr wir selbst unsere Aktivitäten ins Virtuelle verlagern, umso weniger wird es uns gelingen, Zeichen der Liebe zu vermitteln.

Als Eltern sollten wir vorleben, wie wir unseren Ängsten begegnen. Dabei kann Mitgefühl helfen: Mitgefühl für andere, die mit ihren Ängsten kämpfen, und Mitgefühl mit sich selbst, wenn man wieder mal glaubt, nicht zu genügen. Und wir können versuchen, uns darin zu üben, kleine Schritte zu tun, vor denen wir uns fürchten. Das könnte beispielsweise ein Tag am Wochenende sein, den wir ohne elektronische Medien überstehen werden …

Ein Hinweis: Wenn Sie an die Beantwortung der folgenden Orientierungsfragen gehen, nehmen Sie sich pro Tag nur einen Block vor. Denken Sie in Ruhe über die Antworten nach. Notieren Sie sie in ein Heft oder ins Tablet. Und schlafen Sie drüber – mitunter überrascht Sie Ihr Gehirn morgens noch mit einer spannenden Ergänzung.

Mögliche Orientierungsfragen

Ziele

- Was möchte mein Kind durch die Nutzung eines konkreten virtuellen Angebots erreichen?
- Auf welche Weise ermöglicht das Angebot es, dieses Ziel zu erreichen?
- Was wäre ohne meine lähmenden Zukunftsängste alles denkbar?
- Welche besonderen Fähigkeiten kann mein Kind (weiter)entwickeln?
- Auf welche Weise kann es sein privates und berufliches Glück finden?
- Wie begegnen wir uns in zehn Jahren?

Ängste

- Welche berechtigten Ängste spielen bei der Nutzung möglicherweise eine Rolle?
- Inwieweit lässt sich das Angsterleben dadurch regulieren?
- Existieren Alternativen, wie man Vergleichbares erreichen kann?
- Wie interessant sind diese Alternativen für mein Kind?
- Welche Gefährdungen existieren aus meiner Sicht bei der Nutzung?
- Was davon ist für mich entscheidend oder besonders brisant?
- Inwiefern spiegeln sich darin Anteile meiner eigenen Ängste?

- Was kann ich tun, um diese Angst zu verringern?
- Wie bewältigen wir die Trauer, etwas Liebgewonnenes oder eine schöne Gewohnheit aufzugeben?
- Wie groß wäre die Trauer meines Kindes, wenn es die wohlige Geborgenheit während seiner virtuellen Streifzüge aufgeben müsste?

Interesse

- Spricht die intensive Nutzung eher für ein starkes Interesse an der Welt oder dagegen?
- Welche (alternativen) Anregungen könnten für mein Kind interessant sein?
- Was können wir als Eltern bei der Auseinandersetzung mit der exzessiven Mediennutzung unseres Kindes über uns lernen?
- Welche Kulturgüter interessierten bzw. interessieren die Mitglieder meiner Familie?
- Gab oder gibt es gemeinsame Nutzungsrituale?
- Welchen Sinn könnte die jeweilige Nutzung haben?
- Wie könnte das jeweils auf einen Beobachter wirken?

5.2 Liebesbeziehungen – durch Medien in Gefahr?

»Liebe ist das Gegenteil von Angst, das Wesen der Kreativität und die Quelle der Wahrheit.«

Elisabeth Kübler-Ross

Das Leben gelingt umso besser, je mehr wir lieben – die Menschen, denen wir begegnen; die Räume, in denen wir uns bewegen; die Aufgaben, denen wir uns stellen; die Dinge und Werkzeuge, die uns umgeben. Elektronische Medien und das Internet sind mächtige Werkzeuge, die man auch lieben kann und sollte – solange man sich in ihnen nicht verliert und die Beziehungen zu Mitmenschen nicht vernachlässigt.

Vor allem die zwischenmenschliche Liebe ist die zentrale Erfahrung unseres Lebens. Das Problem: Oft beruht Liebe auf Erwartungen und Bedingungen – wir werden nicht dafür geliebt, was wir sind, sondern dafür, was wir tun. Das führt oft zu Enttäuschungen.

Kleine Kinder lieben ihre Eltern bedingungslos – Leistungen, Geld, Wohnungsgröße, Automarke oder berufliches Ansehen sind ihnen gleichgültig. Sie erwidern die ihnen entgegengebrachte bedingungslose Liebe. Später möchten wir, dass sie lächeln, nette Freunde haben, gute Noten nach Hause bringen und sich sinnvoll beschäftigen. Wir stellen (unbewusst) Bedingungen für unsere Liebe.

> »Eines der größten Hindernisse für bedingungslose Liebe ist die Angst, dass unsere Liebe nicht erwidert wir. Wir begreifen nicht, dass das Gefühl, das wir suchen, im Geben liegt, nicht im Empfangen.« (Kübler-Ross 2003, S. 41)

Wenn wir in der Partnerschaft und als Eltern lernen, darauf zu schauen, welche unserer Verhaltensoptionen dem anderen am meisten dabei hilft, seine Potenziale zu entfalten, dann lieben wir.

Heutzutage ist es schwer, sich von den Bedingungen zu lösen, um Liebesglück zu ermöglichen, denn viele Menschen sind auf eine solche bedingte Liebe konditioniert. Auch die Forderung an einen Jugendlichen, seine exzessive Mediennutzung einzustellen, könnte als Liebesbedingung aufgefasst werden: »Nur wenn du etwas anderes tust, habe ich dich wieder lieb.« Für einen Jugendlichen ist es legitim, das zu verweigern.

Menschen suchen in ihrem Tun immer auch nach Liebe – also kann man sich fragen:

- Wie viel Liebe können wir finden, wenn wir intensiv im Internet unterwegs sind?
- Wie viel können wir wem dort geben, wie viel können wir empfangen?
- Empfinden wir so etwas wie Zuneigung zu unseren liebevoll und funktionell ausgestatteten mobilen Endgeräten?
- Wie entspannend wirkt es, dass wir uns jederzeit und bedingungslos positives Feedback organisieren können?

Der Versuch, dieses in der Familie unvoreingenommen gemeinsam herauszufinden und die Kinder in ihrer Liebessuche zu unterstützen, ist in jedem Fall hilfreicher, als ihr Handeln zu verteufeln.

Die in der Herkunftsfamilie erfahrene Liebe, Achtung und Wertschätzung legen den Grundstein für die Gemeinschaftsfähigkeit eines Menschen. Diese kann nur im direkten Kontakt glücken. Der Versuch, Liebe und Wertschätzung dauerhaft über einen digitalen Mittler zu erlangen, muss scheitern.

Unsere Neuronen sind auf eine Vielzahl von Signalen eingestellt, deren Empfang zur Entwicklung von Empathie, Offenheit und Zugewandtheit führt. Dazu gehören die Wahrnehmung des Gesichts, der Körperhaltung, der Mimik und Gestik sowie der Stimmnuancen eines Gegenübers, seiner Wärme und Berührung. Bleiben diese Signale aus, können sich die genannten Eigenschaften nur unzureichend ausprägen, sodass die Beziehungsfähigkeit verkümmert.

Beziehungen müssen gepflegt, vertieft, erneuert oder wieder aufgebaut werden – auch und vor allem zu den eigenen Kindern und dem Partner. Manche Beziehungsherausforderungen erscheinen im Medien- und Informationszeitalter wie durch ein Brennglas verstärkt: Ablöseprozesse von Jugendlichen wirken radikaler, das Auswählen und Pflegen wichtiger und interessanter Kontakte wird komplexer. Diese Herausforderungen sollten Eltern neugierig annehmen. Vielleicht ist es Ihnen als Elternteil auch schon einmal gelungen, eine intensive Beziehung virtuell zu knüpfen und zu pflegen – in dem Bewusstsein, was eine solche Beziehung über die digitale Verbindung hinaus auszeichnet.

Unrealistische Erwartungen, die wir an unsere Kinder stellen, tragen dazu bei, dass wir selbst von der Beziehung zu unseren Kindern enttäuscht sein können. Eine übermäßige Nutzung digitaler Medien wirkt dabei eher verstärkend. Wir müssen empfänglich dafür bleiben, den Zauber in den täglichen Erfahrungen zu sehen, die wir miteinander machen. Ein unglücklicher

Mensch wird nicht zwangsläufig durch einen Partner oder Kinder glücklich. Für mehr Romantik in unserem Leben sollten wir uns in das Leben verlieben, das wir haben. Auch das wird durch erhöhte Internetaktivitäten eher schwieriger, da wir scheinbar an den Leben vieler anderer teilnehmen können, denen es so viel besser glückt als uns.

Wenn der Sinn für das Zauberhafte, das uns umgibt oder das wir erfahren können, durch den Gebrauch digitaler Medien nicht abnimmt, sondern eher verstärkt wird, kann die mediale Zukunft eine beglückende werden. Versetzen wir uns gedanklich in die Zukunft und stellen uns vor, wie in 70 Jahren eine dann 80-jährige Frau auf ihr Leben zurückblickt und Bilanz zieht: Sie wird vermutlich kaum den Wunsch äußern, dass sie gerne mehr Zeit mit ihrem Smartphone oder Tablet verbracht hätte. Es wird sich wahrscheinlich eher so ähnlich wie heute anhören: »Ich würde mehr Fehler machen, mich entspannen, alberner und verrückter sein, mehr Chancen wahrnehmen, manches ernster nehmen … mehr Berge besteigen, in mehr Flüssen schwimmen und mehr Sonnenuntergänge beobachten … mir öfter ins Bewusstsein rufen, dass es so wunderbare Dinge gibt wie einen Bach, der Geschichten erzählt, und einen Vogel, der singt …«

Wenn wir über eine gute Selbstregulation verfügen, fällt uns das Ausführen von Handlungen leicht – auch wenn konkurrierende Handlungsimpulse auftreten. Das Handeln sollte also auf Wünsche ausgerichtet sein. So wird die innere Konfliktsituation auf angenehme Art gelöst. Und wir können authentischer und freier agieren – auch wenn dazu mitunter Verzicht, Disziplin und Anstrengung notwendig sind. Eltern würde es beispielsweise leichter fallen, Entbehrungen auf sich zu nehmen, wenn sie den Wunsch in den Fokus stellen, ihren Kindern Liebe geben zu dürfen.

> Es ist daher immer zu prüfen, ob das mediale Handeln die Selbstregulation eher stärkt oder schwächt.

Durch eine hohe Medienbindung wird die Kompetenz zur Selbstregulation meist eingeschränkt. Auf die elektronischen Bindeglieder zur virtuellen Welt lassen sich nahezu alle Regulationsprozesse für den Moment scheinbar auslagern. Dann lassen wir unsere emotionalen Spannungen quasi von außen regulieren. Manchmal schalten wir erst wieder aus, wenn wir keine innere Spannung mehr spüren.

Freunde zu haben macht glücklich. Hierbei entscheidet v. a. die Qualität der Freundschaft über das Ausmaß des empfundenen Glücks. Gute Freundschaften tragen zum Erleben von Selbstwirksamkeit, zu sozialer Kompetenz sowie einem verstärkten Freiheits- und Hoffnungsempfinden bei. Eine größere Anzahl von Freunden macht allerdings nicht zwangsläufig glücklicher (Bucher 2009, S. 101 f.). Je näher der Mensch der Realität ist, desto fähiger ist er, sein Leben adäquat zu leben. Mit zunehmender Entfernung von der Realität hat er jedoch umso mehr Illusionen und verliert immer weiter die Fähigkeit, das Leben richtig zu meistern (Fromm 1991, S. 196).

Natürlich kann auch eine exzessive Mediennutzung dazu dienen, der Realität nah zu sein – z. B. bei der Pflege und Vertiefung von Freundschaften, der gemeinsamen Teilhabe an virtuellen Konsumgütern oder der vertiefenden Beschäftigung mit natürlichen und gesellschaftlichen Prozessen. Bei ausschließlich medialer Freizeitaktivität ist die Wahrscheinlichkeit einer Entfernung von der Realität jedoch weitaus höher. Exzessive Spieler entwickeln beispielsweise unrealistische Berufswünsche und stellen sich vor, Software- oder Spieleentwickler, Gamemaster oder Administrator werden zu können, ohne dass sie die dafür notwendigen Voraussetzungen und Anforderungen realistisch einschätzen.

In der Konzentrationsfähigkeit sieht Fromm eine weitere Vorbedingung für die Fähigkeit zu lieben und beschreibt, dass wir uns eigentlich fürchten, zu lieben und uns dem anderen ohne Garantie auszuliefern. Bei aktiven Handlungen geht es nicht darum, irgendwie beschäftigt zu sein, sondern um eine Aktivität in dem Sinne, dass man aus sich selbst heraus tätig ist – also um einen produktiven Gebrauch der eigenen Kräfte (Fromm 1956, S. 145). Für die Verbesserung der Konzentrationsfähigkeit seien triviale Unterhaltungen möglichst zu meiden und stattdessen eigene ernsthafte Gedanken zu entwickeln (ebd.).

Zwar ist das sogenannte »Grooming« – also die mentalen Streicheleinheiten für Freunde und Bekannte – nicht unwichtig, sollte jedoch in einem angemessenen Verhältnis zum gehaltvolleren Austausch stattfinden. Wir könnten uns also ab und an selbst befragen, wie echt und substanziell unsere offline und online geführten Unterhaltungen sind. Und dann könnten wir versuchen, dieses für unsere Kinder abzuschätzen oder besser: es mit ihnen gemeinsam herauszufinden.

Eltern, die in ihrer Kindheit selbst kaum gestärkt wurden, sich selten sicher und geborgen fühlten, haben es in der Regel schwerer, erfüllende Beziehungen zu ihren Kindern aufzubauen. Und doch ist es möglich: Die Kunst des Liebens kann erlernt werden.

Mitunter hilft es, sich daran zu erinnern, wie schnell das Gefühl entstehen konnte, dass etwas mit einem nicht stimmt. Dann kann man sensibler darauf achten, dass man dieses Gefühl auch anderen möglichst nicht vermittelt. Niemand kann sein Verhalten ändern, ohne zuvor so, wie er ist, gesehen und anerkannt zu werden. Wer diese unbedingte Wertschätzung zu selten erfährt, wird irgendwann nach Mitteln suchen, diesen glücklosen Zustand aushalten zu können. Eines der potentesten Mittel dafür ist das Internet.

Gerade wenn wir erleben, dass unsere Kinder nicht das tun, was wir uns wünschen, sollten wir unser wirkliches Kind mit dem unserer Träume und Erwartungen vergleichen und dann beginnen, unser wahres Kind liebevoll zu entdecken.

Orientierungsfragen

Hinweis: Wenn Sie sich in Ihren Beziehungen glücklich und geliebt fühlen, denken Sie nicht zu viel darüber nach. Dann können Sie einige der folgenden Fragen vielleicht besser überspringen. Nicht immer ist es hilfreich, alles Erleben detailliert ergründen zu wollen.

Liebe und Beziehung

- Was macht mich in meinen Beziehungen glücklich?
- Was bedeutet es für mich, meinen Partner zu lieben?
- Worin besteht für mich der Kern der Liebe zu meinem Kind?
- Wie wäre es, wenn ich Liebe so definieren würde, dass ich für jemanden da bin?
- Könnte Liebe darin bestehen, einem anderen zu ermöglichen, dass er seine Potenziale optimal entfalten kann?

- Gebe ich so viel Liebe, wie ich empfangen möchte? Was wären gute Kriterien, das festzustellen?
- Kann ich selbst bedingungslose Liebe geben?
- Wie sehr fühle ich mich geliebt?
- Wer liebt mich am meisten?
- Wie sehr fühlt sich dieser Mensch von mir geliebt?
- Wie sehr erlebt mein Kind, dass es in der Familie geliebt wird?

- Welche Beziehung lässt sich in welcher Form zu einem technischen Gerät wie dem Computer, Smartphone oder Tablet aufbauen?
- Welche Potenziale können sich dadurch entfalten, welche eher nicht?

Balance und Endlichkeit

- Wie gelingt es mir, meine Gefühle zu balancieren? Was genau tue ich dafür?
- Wie darf sich wer verhalten, damit mir die Balance besonders leicht fällt?

- Wie gelingt es meinem Kind, seine Gefühle zu balancieren? Was genau tut es dafür?
- Wie darf sich wer verhalten, damit ihm dies besonders leicht fällt?

- Welche guten Seiten hat die Endlichkeit irdischen Lebens?
- Wenn ich morgen stürbe, wie würde ich mein Leben betrachten?
- Wenn ein für mich wichtiger Mensch sterben würde: Wie würde ich bewerten, was ich ihm im Verlauf seines Lebens gegeben habe?

Schönheit, Trost und Leidenschaft

- Welche schönen Gedanken hat wer über sich? Welche Anlässe gibt es dafür?
- Wer nutzt was, um sich einmal eine Gedanken-Auszeit zu gönnen? Wie gut und wie lange gelingt das? Wie reagieren andere darauf?

- Wer tröstet sich auf welche Weise nach einem missglückten Versuch?
- Welche Wirkung hat das auf den Entschluss zu einem erneuten Versuch?
- Auf welche Weise sind bei wem welche Leidenschaften entstanden?
- Wem ist es unter welchen Bedingungen wie gelungen, aus der Leidenschaft kein einengendes Verlangen werden zu lassen?

- Wann hat wer in den vergangenen Wochen kleine Treffen mit Freunden oder der Familie – zum Reden, Kochen, Backen, Spielen oder Sporttreiben – arrangiert?
- Wenn auch die Vorbereitung etwas Aufwand gekostet hat: Welche schönen Momente bleiben im Gedächtnis?

(Kleiner Nachsatz: Wenn Sie die Beziehung zu Ihrem jetzigen oder einem zukünftigen Partner stärken wollen, können Sie es mit den »36 Fragen« unter www.36-fragen.com und einem anschließenden 4-minütigen In-die-Augen-Schauen probieren.)

5.3 Sinnsuche – nichts für Maschinen

Bewusst oder unbewusst sind wir alle auf der Suche nach Antworten und versuchen, die Lektionen des Lebens zu lernen. Wir ringen mit Angst- und Schuldgefühlen. Wir streben nach Sinn, Liebe und Macht. Wir versuchen, Angst, Verlust und Zeit zu verstehen. Wir möchten herausfinden, wer wir sind und wie wir wirklich glücklich werden können (vgl. Kübler-Ross 2003, S. 16 f.)

Als Eltern gelingt es uns vielleicht, in der Familie, in der Verantwortung für das Heranwachsen unserer Kinder einen wichtigen Lebenssinn zu finden. Sobald die Grundbedürfnisse unserer Kinder gestillt sind, beginnen auch sie nach einem Sinn ihres Daseins zu forschen.

Oft hilft ihnen dabei ein authentisches Umfeld. Sie suchen uns also hinter unserer Rolle als Eltern. Sie fahnden nach unserem eigentlichen Selbst mit allen Hoffnungen, Ängsten, Interessen und unserer Liebe – der Liebe, die wir allem und allen Menschen gegenüber in uns tragen, nicht nach der Elternliebe in der Elternrolle.

Für Authentizität ist es sicher besonders wichtig, die eigene Einzigartigkeit und die seiner Mitmenschen zu erkennen und sie sich bewusst zu machen. Niemand hat und wird die Welt wieder in derselben Weise erfahren und sehen: Ein Ich bzw. Selbst ist und bleibt für immer einmalig.

Michelangelo beschrieb seinen Schaffensprozess so, dass er sich vorstelle, Statuen wie der David oder die Pietà steckten im rohen Marmorblock bereits drin, und er müsse dann nur das Überflüssige einfach wegschlagen. Ähnlich kann man sich den Kern unserer Persönlichkeit vorstellen, der nur ganz enthüllt zu werden braucht. Die Gestaltung der Zeit in unseren Kernfamilien und die Interaktionen mit unseren Kindern gehören zu den wunderbarsten und größten Herausforderungen des Lebens. Das Potenzial für das, was wir in dieser Zeit über uns erfahren können, wird im Leben kaum je wieder so hoch sein. Wir könnten also viel an dem Marmorblock unseres Selbst arbeiten und unseren inneren David freilegen.

> »Wir sind heute nicht unglücklich, weil das Leben so kompliziert ist. Wir sind unglücklich, weil wir die ihm zugrunde liegende Einfachheit verfehlen« (Kübler-Ross 2003, S. 19).

Auch der Umgang mit digitalen Medien ist nicht wirklich kompliziert. Aber oft verstellen – teilweise geschickt lancierte – Argumente in den Massenmedien, eine irritierende Zukunftsunsicherheit und die mitunter widersprüchlichen Beobachtungen im eigenen Umfeld den Blick für das Wesentliche. Konzentrieren wir uns darauf, was das Erleben von Liebe eher verstärkt und irrationale Ängste eher verringert. Dann lässt sich abschätzen, wie brauchbar virtuelle Aktivitäten unter Berücksichtigung von Umfang, Frequenz und Inhalt sind.

Einfache und klare Richtlinien, die für alle Familien gelten, lassen sich allerdings nach meiner Auffassung nicht finden, da die Familien selbst und ihre jeweiligen Umfelder und Kontexte so vielfältig sind. Ein Ratschlag, der in der einen Familie nutzt, kann in einer anderen zum falschen Zeitpunkt Verheerendes auslösen. Und doch kann jede Familie durch anregende Fragen und gelingende Kommunikation ihre eigenen, ganz individuellen Familienrichtlinien finden (z. B. initiiert durch die in Kapitel 6 beschriebenen Familienspiele) – und diese im besten Fall von Zeit zu Zeit kritisch hinterfragen.

Kleiner Exkurs: Vier Sinnelemente

Die Psychologie hat heute im Wesentlichen vier Sinnelemente ausgemacht. Als Erstes sei das Setzen und Verfolgen von mittel- und langfristigen **Zielen** sinnstiftend. Des Weiteren helfen **Wertvorstellungen**, die heute vielfach selbst geschöpft, also von uns selbst festgelegt werden. Ein drittes wichtiges Element ist ein Mindestmaß an erlebter **Kontrolle** über die eigenen Lebensbedingungen. Und letztlich verleiht ein entwickeltes **Selbstwertgefühl** – also das Vermögen, sich selbst Wert und Bedeutung zuschreiben zu können – dem Leben Sinn. Dieses Gefühl kann man aus der Erfahrung von Zugehörigkeit und sozialem Ansehen, der eigenen Leistung oder der Imagination von Überlegenheit beziehen. Alle Sinnbausteine sind allerdings sehr fragil.

Sinn kann auch aus einer Tätigkeit oder einem Zustand abgeleitet werden, wodurch das Leben als reicher, lohnenswerter, bewegender und bewundernswerter erfahren wird. Wenn ein Internetnutzer dieses v. a. während der virtuellen Aktivitäten empfindet, ergibt sich für ihn daraus zuverlässig ein gewisser Lebenssinn. Selbsterzählung, Kommunikation und Selbstdarstellung als Werkzeuge zur Sinnkonstruktion lassen sich im Internet besonders einfach anwenden und umsetzen. Nicht selten entwickelt sich daraus jedoch eine überzogene Erfüllungs- oder Sinnerwartung. Diese führt dann im und außerhalb des Internets eher zu Frustration.

Sinn zeigt sich nachhaltig und zuverlässig in einem erfolgreich angestrebten Alltagsglück, in Familie und einer dem Gemeinwohl dienenden beruflichen Tätigkeit (Taylor 2009).

Eine vorübergehende freudige Sinneserregung hat wenig mit echter, durch innere Zufriedenheit hervorgerufener Freude gemeinsam. Auch im Internet lässt sich eindrucksvoll beobachten, wie allein die Ankündigungen neuer Features für Kommunikationsplattformen, neuer Spiele oder deren Erweiterungen (mitunter mehrere Jahre im Voraus) die potenziellen Nutzer in Erregung, also einen emotionalen Spannungszustand versetzen. Für Onlinespielabhängige gehören Erscheinungstermine von Spielen oder Erweiterungen oft für eine gewisse Zeit zu den wichtigsten Daten ihres Lebens – Daten, die neue Eindrücke und neue Herausforderungen verheißen, wobei sich der Spieler sicher ist, dass er diese auch meistern wird.

Ohne Aktivität und Anstrengung, Mut und Entscheidungsfreude kann sich kaum ein dauerhaftes Gefühl der Zufriedenheit und Erfüllung entwickeln. Nur bei der Bewältigung einer wirklichen, nachhaltigen, das Erleben verändernden Herausforderung entstehen immer wieder Glücksgefühle. Fehlende Muße führt mitunter zu Aktionismus und erschwert einem das Meistern wichtiger Herausforderungen.

Das Interesse an der Welt – beispielsweise durch die Nutzung der menschlichen Kultur (Musik, Literatur, Kunst) – rechtzeitig und intensiv zu entwickeln ist von entscheidender Bedeutung. Ein fortgesetztes, permanentes, übermäßiges Interesse an sich selbst kann zu dem Gefühl einer Dysbalance führen. Die gesteigerte Beschäftigung mit sich selbst während der Pubertät sollte im Laufe der Zeit relativiert und durch einen gelingenden Umgang mit anderen ersetzt werden. Man kann sich nur dann seiner

Vernunft bedienen, wenn man demütig geworden ist und seine Kindheitsträume von Allwissenheit und Allmacht überwunden hat (Fromm 1956, S. 137). Tendenzen permanenter Selbstbezogenheit werden durch das Internet eher befördert – durch die Verfügbarkeit scheinbar unbegrenzten Wissens, im Erleben hyperrealistischer und fantastischer Spielwelten oder durch räumlich und zeitlich grenzenlose Kommunikation.

Mittlerweile belegt die Forschung, dass Spielen eigentlich nicht bloßer Zeitvertreib, sondern richtig Arbeit ist. Beim Spielen wird gelernt, geübt, trainiert und so Neuland für die Entwicklung gewonnen – auf körperlicher, emotionaler und sozialer Ebene. Durch digitale Spiele gelingt das nur in reduzierter Form, auch wenn der Spieler selbst es für den Moment als bereichernd genug empfindet.

Der Wunsch, in einem intensiven virtuellen Dasein einen Sinn zu finden, wird für die meisten Menschen auf Dauer unerfüllt bleiben. Unser Leben ist auf ein direktes Miteinander angelegt.

> Wer fast ausschließlich vor Bildschirmen agiert, erfährt nur ein Rudiment menschlichen Kontakts und bleibt letztlich mit sich allein.

Orientierungsfragen

Entscheidungen

- In welchen Bereichen trifft wer freie Entscheidungen?
- Welchen Zielen dienen die Entscheidungen und Regeln in der Familie?
- Wer hat den größten Nutzen, wenn die Entscheidungen und Regeln umgesetzt werden? Woran ist das erkennbar?
- Wie und was denken die einzelnen Familienmitglieder darüber?

Verantwortung

- Wer übernimmt für wen oder was in welcher Form Verantwortung?
- Welche Auswirkungen hat das auf die jeweiligen Beteiligten?
- Welche Verantwortlichkeiten werden lieber delegiert? Warum?
- In welchen Bereichen zeigt wer ein hohes Maß an Gelassenheit?

Glück

- Worauf möchte ich in fünfzehn Jahren zurückschauen?
- Welche glücklichen Momente werden sich für mich und meine Familie ereignet haben?
- Was wird mein Selbst besonders gestärkt haben?
- Welche Momente werden besonders wichtig gewesen sein? Woran sind diese zu erkennen?
- Wer hat in der Familie zurzeit die meisten Glücksmomente?
- Woran sind glückliche Menschen zu erkennen?

Sinn

- Welche meiner eigenen Aktivitäten tragen zum Wohlergehen welcher Menschen bei?
- Welche sinnvollen Aktivitäten habe ich schon aufgeschoben? Warum?
- Bei welchen Herausforderungen habe ich manchmal das Gefühl, sie nicht meistern zu können? Was wäre hilfreich?
- Welche Unterhaltungen der vergangenen Wochen (Monate) waren besonders bedeutsam? Woran lässt sich die Wichtigkeit erkennen?
- Was hat wer heute oder gestern für sich und andere getan, dass er sagen könnte, es war ein sinnvoller oder glücklicher Tag?

Fazit

Konzentrieren wir uns darauf, was das Erleben von Liebe eher verstärkt und irrationale Ängste eher verringert. Dann können wir abschätzen, wie brauchbar virtuelle Aktivitäten unter Berücksichtigung von Umfang, Frequenz und Inhalt sind.

6 Die Experimente

Die beschriebenen Experimente, Übungen und Anregungen lassen sich in Familien mit kleinen Kindern, aber auch mit Jugendlichen nutzen. Allerdings ist es für Jugendliche ab etwa 13 Jahren wichtig, dass die Angebote ganz deutlich als Einladung formuliert werden. Die eigentliche Erziehungsarbeit ist in diesem Alter im Wesentlichen abgeschlossen – auch wenn es weiter in der Verantwortung der Eltern liegt, dramatische Gefährdungen abzuwenden und gute Bedingungen für die Entfaltung der Persönlichkeit zu schaffen. Jetzt geht es vor allem darum, die kommenden Jahre als Gemeinschaft mit gleichwertigen Partnern so angenehm wie möglich zu gestalten. Meinungsverschiedenheiten, Streit und Konflikte gehören dazu. Missverständnisse sind normal und überwiegen oft in der familiären Kommunikation.

Der Anteil der Missverständnisse und die Art des Streits lassen sich jedoch beeinflussen. Und genau dafür kann die eine oder andere der beschriebenen Möglichkeiten auch in Familien mit Jugendlichen ausprobiert werden.

Als Eltern sollten Sie für einen ersten Versuch dasjenige Experiment auswählen, welches Ihnen im Moment am hilfreichsten erscheint und welches die größte Chance auf Akzeptanz der Familie besitzt.

Vielleicht probieren Sie es zuerst für sich selbst aus und erzählen von Ihren Erfahrungen. Und dann regen Sie es an einem gemütlichen und weitgehend entspannten Abend an. Mit dem Hinweis, dass es Ihrem Sohn oder Ihrer Tochter langfristig gerade auch außerhalb der Familie zu mehr Ausgeglichenheit, Verständnis, Anerkennung und Größe verhelfen wird. (Alternativ können Sie sich auch darauf verständigen, dass Ihre Tochter oder Ihr Sohn eine Anregung auswählt, mit der Sie gemeinsam experimentieren.)

6.1 Erkenne dich selbst!

Für eine angenehme Familienatmosphäre und gelingende Erziehung ist die Selbsterkenntnis von grundlegender Bedeutung. Was nutzen die besten Vorsätze und Absichten, wenn die Wirkung auf andere doch eher von Unsicherheit und Aggressivität bestimmt ist?

Es ist ein wenig so, als schauten wir in einen Spiegel. Die Ansicht unseres Gesichts von vorn ist uns vertraut. Wenn uns auch nicht alles, was wir sehen, hundertprozentig gefällt – damit haben wir uns arrangiert. Unser inneres Bild von uns selbst entspricht im Wesentlichen dieser Vorderansicht. Und dann sind wir vielleicht irritiert, wenn wir beispielsweise in einer Umkleidekabine mit vielen Spiegeln plötzlich mehr von uns sehen: unser Profil, unseren Hinterkopf und Nacken. Davon existiert kaum eine innere Repräsentanz. Von unserer Umwelt werden wir jedoch immer als ganzer Mensch mit allen Ansichten unseres Körpers und Kopfes wahrgenommen.

Alle tief greifenden emotionalen Erfahrungen, die wir im Laufe unseres Lebens gemacht haben, sind in unserem Körper gespeichert. Sie teilen sich unbewusst bei jeder Art von Kommunikation mit. Wenn wir von Zeit zu Zeit darauf schauen, fällt es leichter zu verstehen, wie unser Gegenüber auf uns reagiert.

Mit dem Unbewussten verhält es sich allerdings wie mit unserem Hinterkopf – wir können nie direkt darauf schauen. Und es verlangt einige zusätzliche »Spiegel«, um zu erkennen, was wir auf welche Weise nonverbal mitteilen. Es folgen nun einige Anregungen dafür.

1. Übung: Meine verborgene Seite

Schauen Sie zunächst für eine Woche auf Ihre Urteile über andere:

- Welches Verhalten erregt meinen Unmut?
- Welche Eigenschaften stören mich?
- Was genau würde ich meinen Freunden, Familienmitgliedern oder Kollegen raten, damit ihr Leben angenehmer und freudvoller würde?
- Steckt in meinem Rat auch eine Botschaft an mich selbst?
- Wäre beispielsweise mein Hinweis in manchen Situationen auch für mich selbst hilfreich?
- Wie würde ich reagieren, wenn mein bester Freund mir genau das raten würde?

Für unsere Selbsterkenntnis brauchen wir vor allem Rückmeldungen. Nonverbal erhalten wir sie permanent. Nicht selten weigern wir uns, diese bewusst zu entschlüsseln.

- Welche drei Dinge mag ich an mir am meisten, welche am wenigsten?

Haben Sie den Mut, nahestehende Menschen um verbales Feedback zu bitten. Für den Fall, dass Sie Unschönes zu hören bekommen, das nicht auf Sie zutrifft, werden Sie kaum eine Reaktion spüren. Gelassen lässt Ihr Körper die unrealistische Einschätzung von sich abprallen. Kommt es jedoch zu einer Reaktion – z. B. zu heftigem inneren Widerspruch –, untersuchen Sie diesen Aspekt genauer.

- Gab es jemals in meinem Leben eine Situation, in der ich mich auf die beschriebene Art und Weise, um die es gerade ging, unschön verhalten haben?
- Kann ich meinen dafür verantwortlichen inneren Anteil annehmen oder versuche ich, ihn zu negieren?
- Unter welchen Bedingungen und aus welchem guten Grund hat dieser Anteil mich zu diesem Verhalten veranlasst?

- Wie hat sich mein damaliges Verhalten auf mein weiteres Leben ausgewirkt?
- Unter welchen Umständen würde ich mich auch heute so verhalten?

Es kann sehr befreiend sein, wenn es gelingt, die Verantwortung für alles in der Vergangenheit Getane und Unterlassene zu übernehmen. Dann wird aus der Frage »Warum ist mir das widerfahren?« die Frage »Was lässt sich aus dieser Erfahrung lernen?«.

So wird die Vergangenheit zum Wissensschatz, und wir können die Zukunft als etwas völlig Neues gestalten – nicht als Variation vergangenen Erlebens. Wir können dann jede Beziehung auf ihre Intensität, Warmherzigkeit und Güte prüfen und sie ggf. variieren. Wir können unsere individuellen Bedingungen, Vorlieben und Perspektiven kritisch und unvoreingenommen betrachten – und weniger auf das achten, was andere für richtig halten. Und wir können die (gewünschten und unerwünschten) Konsequenzen unseres Handelns offener überdenken.

2. Übung: Meine Gefühlswolke

Für das Erstellen einer emotionalen Cloud müssen wir unser Selbsterforschungslevel weiter erhöhen. Wir versuchen, unsere Gefühle, die im Zusammenhang mit einer Unterhaltung, einem Streitgespräch – also einem Dia- oder Polylog – in uns auftauchen, zu identifizieren und zu interpretieren.

Denken Sie an ein wichtiges Gespräch in der vergangenen Woche:

- Welche Gefühle wurden während oder nach der Kommunikation ausgelöst?

Notieren Sie das wichtigste Gefühl, das aufgetaucht ist, in großen Buchstaben in der Mitte auf ein weißes Blatt. Weitere Gefühle schreiben Sie etwas kleiner an anderer Stelle auf das Blatt.

Achten Sie bei Ihrem nächsten interessanten oder intensiven Gespräch darauf, welche Gefühle auftreten – davor, währenddessen und danach. Wenn diese denen auf dem Blatt entsprechen, verstärken Sie die dort stehenden Begriffe durch kräftigere Striche. Neue Gefühle ergänzen Sie.

Nach sieben Interaktionen schauen Sie sich Ihre Gefühlswolke an:

- Welche Emotionen wurden besonders häufig ausgelöst?
- Worauf sollen die auftretenden Gefühle hinweisen?
- Was wäre anders, wenn diese Emotionen nicht auftreten würden?

3. Übung: Meine großen Ziele – gestern und heute

- Welche bedeutenden Ziele will ich in meinem Leben erreichen?
- Seit wann sind mir die einzelnen Ziele wichtig?
- Welche Ziele haben sich im Laufe der Zeit gewandelt – welche sind völlig unverändert?
- Wozu will ich das Benannte erreichen?
- Von wem würde ich gern hören: »Ich bin stolz, dass … das erreicht hat«?
- Was würde ich in zehn Jahren gern selbst über mich sagen können?
- Gibt es ein Ziel, das mir bisher immer zu groß erschienen ist, als dass ich ernsthaft darüber nachdenken würde?
- Welche Eigenschaft sollte mir eine Fee spendieren, damit ich mein größtes Ziel leicht und locker erreiche?

4. Übung: Meine Grundüberzeugungen

Grundüberzeugungen schleppen wir mitunter mit uns herum wie einen Outdoorrucksack mit Feldsteinen (das kräftigt zwar zunächst einmal die Waden- und Rückenmuskulatur, ist auf Dauer jedoch ermüdend). Allzu selten kommen wir auf die Idee, mal einen Stein herauszunehmen, um leichter voranzukommen.

Um sich Ihre eigenen Überzeugungen bewusst zu machen, legen Sie sich für ein paar Minuten der Entspannung auf die Couch. Lassen Sie Ihre Gedanken spazieren gehen. Wandern Sie in die Zeit Ihrer Kindheit:

- Welchen Überzeugungen begegne ich, die sich während dieser Zeit aus meinem damaligen Erleben entwickelt haben?

Schreiben Sie einen Satz (oder bis zu drei Sätze) auf, der Ihnen in den Sinn gekommen ist. Prüfen Sie, ob dieser Satz für Sie stimmt. Lesen Sie ihn mehrfach und beobachten Sie dabei Ihren Körper.

- Signalisiert mein Körper Zustimmung, indem sich beispielsweise ein warmes Harmoniegefühl einstellt, oder regt sich eher Widerstand durch ein kribbeliges Zwicken oder anderes. Muss der gesamte Satz oder sollten einzelne Worte verändert werden?
- Wenn der Satz stimmt: Was hat er in meinem Leben bisher bewirkt? Hat er es mir eher leichter gemacht, Beziehungen zu knüpfen und zu pflegen? Wurde mein Erleben dadurch freud- und lustvoller?
- Wie wäre mein Leben verlaufen, wenn diese Überzeugung nicht in meinem Gepäck gewesen wäre? In welcher Zeit war es wichtig, sie zu haben? Wann wirkte sie eher weniger hilfreich?

Beispiel für eine Grundüberzeugung:

Wer als Junge keine intensive Beziehung zum Vater erleben konnte, entwickelt vielleicht die Annahme:

»Liebe ist etwas für Frauen. Männer brauchen und können nicht lieben.«

Eine solche Überzeugung wirkt sich mitunter später fatal auf die Gestaltung von Beziehungen aus – sowohl auf Partnerschaften als auch auf Freundschaften. Dem Impuls, regelmäßig und intensiv in die Gestaltung liebevoller Kontakte zu investieren, steht diese Annahme mit der Überzeugung »lohnt sich nicht, weil unmöglich« entgegen. Sie verführt letztlich dazu, dass man bestimmte Beziehungsentwicklungen lethargisch hinnimmt.

In der Kindheit hat diese Überzeugung jedoch vor der selbstzerstörerischen Frage »Warum liebt mein Vater mich nicht?« geschützt.

5. Übung: Meine kleine Freundlichkeit

Jeder Mensch hofft darauf, dass ihm die Welt freundlich begegnet. Und selbst, wenn diese Hoffnung viele Male enttäuscht wird, bleibt ein Quäntchen, für das sich der nächste Tag lohnen könnte.

Nur selten fragen wir uns, wie viel Freundlichkeit von uns selbst ausgeht.

Entscheiden Sie ganz bewusst, mit welcher kleinen Freude Sie die Welt heute überraschen werden. Und feiern Sie sich anschließend angemessen dafür.

Fragen Sie sich am Ende eines Tages:

- Welche Liebenswürdigkeiten habe ich heute an den Tag gelegt?
- Wem habe ich ein Lächeln geschenkt?
- Wem habe ich ein nettes Wort gesagt?
- Wer hat von mir Unterstützung erhalten?
- Über wen habe ich heute besonders wohlwollend nachgedacht?

Wenn Sie Ihren Mitmenschen liebevoll begegnen, wird zuallererst in Ihrer Familie Freundlichkeit und Liebe das bestimmende Prinzip.

6.2 Eine kleine Streitarchäologie

Streit mit dem Partner

Streit kann etwas Wundervolles sein – indem er zeigt: Wir nehmen die Meinung des anderen so wichtig, dass wir uns intensiv damit auseinandersetzen. Streit zeugt von Vitalität und (Angriffs-)Lust. Und er ist die Voraussetzung für eines der schönsten zwischenmenschlichen Dinge: die Versöhnung.

Und doch wünschen wir uns manchmal, wir hätten uns nicht hinreißen lassen, auf das Konfliktangebot des anderen einzugehen – gerade dann, wenn es scheinbar zum x-ten Mal um dasselbe Thema geht. (Falls sich so ein Dauerbrenner schon zu einer wirklichen Krise ausgewachsen hat, erklären Sie bitte vorläufig diese Krise für beendet. Gönnen Sie sich ein halbes krisenfreies Jahr und experimentieren Sie.)

Worüber streiten wir?

Mitunter ist das Thema nicht so eindeutig. Jeder legt seinen Schwerpunkt etwas anders und schon hat jeder sein eigenes Thema. Jeder passt das Gehörte in die eigenen bestehenden Hypothesen und Überzeugungen ein.

Oft sind es Variationen von:

- »Ich bin nicht wertvoll genug – für dich.«
- »Alles, was ich tue, ist nie ganz richtig.«
- »Was ich leiste, ist nicht achtenswert.«
- »Wenn ich etwas nicht bewältige, bin ich ein schlechter Mensch.«
- »Für die Gemeinschaft (Kinder, Eltern, Freunde) tue ich nicht genug.«
- »Was ich beruflich tue, ist – in deinen Augen – nicht wirklich wichtig.«
- »Ich bin es nicht wert, dass andere Rücksicht auf mein Wohlbefinden nehmen.«

Experiment 1:

Fragen Sie sich – nachdem sich die Gemüter wieder beruhigt haben – gemeinsam mit Ihrem Partner:

- Welche Äußerung hat meinen inneren Verteidiger aktiviert?
- Woran hat mich diese Aussage erinnert?
- Worum ging es dann für mich?

Wiederholen Sie diese Nachschau für die nächsten fünf Streitgespräche.

Experiment 2:

Identifizieren Sie ein Signal, an dem erkennbar ist, wann aus einem Gespräch ein Streit wird. Das könnten beispielsweise Lautstärke, Tonhöhe oder die Veränderung der Dialogfrequenz (Ins-Wort-Fallen, kürzere oder längere Schweigeintervalle) sein.

Vereinbaren Sie ein Zeichen, wann der Streit das erste Mal unterbrochen werden soll (nach einer Minute, nach 5 Sätzen o. Ä.).

Stellen Sie sich nach der Unterbrechung die Fragen aus Experiment 1 und notieren Sie die Antworten, ohne dass Ihr Partner sie sehen kann.

Notieren Sie anschließend, was Ihr Partner vermutlich geschrieben hat.

Dann streiten Sie weiter.

Wenn Sie sich wieder beruhigt haben, tauschen Sie Ihre Notizen aus und warten, ob Ihr Partner das kommentieren möchte.

Experiment 3:

Vereinbaren Sie für das nächste Streitgespräch mindestens zwei Unterbrechungen als Rückmeldeschleifen. Nach der ersten Unterbrechung sagen Sie Ihrem Partner, was Sie glauben, worum es ihm geht. Begründen Sie es und warten Sie, ob Ihr Partner darüber streiten möchte.

Konzentrieren Sie sich nun wieder auf den Ausgangsstreit. Diskutieren Sie nach Herzenslust, ohne auch nur einen Hauch an die Wirkung auf den anderen zu denken.

Nach der zweiten Unterbrechung lassen Sie sich von Ihrem Partner sagen, was er glaubt, worum es Ihnen geht. Wollen Sie anschließend darüber streiten?

Experiment 4:

Klassiker zum Auslösen eines Streits sind Pauschalisierungen oder Vorwürfe, die mit

> »früher hast du immer …«

beginnen. Falls Sie sich lange nicht gestritten haben, nehmen Sie diese Disputeinladung natürlich an.

Sagen Sie Ihrem Partner, was er alles früher … und vor allem, was gerade nicht … Steigern Sie sich so richtig hinein und schauen Sie, was den Streit prall und saftig werden lässt.

Falls Sie etwas anderes ausprobieren wollen, könnten Sie erwidern:

> »Du hast recht – früher habe ich … aber heute versuche ich es anders. Vielleicht gelingt es mir nicht immer, doch ich bemühe mich. Damals habe ich einiges anders eingeschätzt. Vielleicht kannst du mir helfen, es ›besser‹ zu machen.«

Oder kürzer:

> »Ja, Schatz, du hast recht. Was die Vergangenheit betrifft. Und ab jetzt wird es anders.«

Manchmal ist es natürlich am günstigsten, sich einer eskalierenden Situation diplomatisch zu entziehen – evtl. mit dem Hinweis auf einen Termin oder eine Erledigung.

Auseinandersetzungen in der Familie

Gerade für die Kommunikation mit Kindern und Jugendlichen ist es wichtig, sich selbst zu kennen:

- Wie neugierig bin ich?
- Wie liebevoll oder freundlich wirke ich?
- Was bringt mich aus der Ruhe?
- Über wie viel Mut verfüge ich?
- Wie perfekt wünsche ich mir die Ergebnisse meiner Tätigkeiten?
- Wie sehr achte ich auf materielle Werte?
- Wie wichtig ist mir Geld?

Wenn Sie als Elternteil beispielsweise bei einer gemeinsamen Aktivität mit Ihrem Kind die Befürchtung haben, es könnte etwas danebengehen oder das Ergebnis nicht perfekt werden, teilen sich diese Gedanken und das damit verbundene ungute Gefühl unweigerlich durch Ihre Mimik, Gestik und Körperhaltung mit. Ihr Kind interpretiert es zwangsläufig als Aussage über seine Unzulänglichkeit und spürt fehlendes Vertrauen.

1) Prüfen Sie die Wichtigkeit eigener Werte (Bindung, gemeinsame Aktivitäten und Erlebnisse sind mitunter wesentlich wichtiger als ein perfektes Ergebnis).
2) Suchen Sie Aktivitäten, bei denen ungünstige Eskalationen weniger wahrscheinlich sind.
3) Bleiben Sie bei gemeinsamen Aktivitäten möglichst wohlwollend und ehrlich.

Experiment 5:

In diesem kleinen Beleidigungsprotokoll können alle Familienmitglieder notieren, von wem sie Neckereien und Beleidigungen im Laufe einer Woche wahrgenommen und an wen sie welche gerichtet haben.

(Zunächst könnten sich alle darüber verständigen, was sie unter einer Neckerei bzw. einer echten Beleidigung verstehen wollen.)

In die Zellen werden der Anfangsbuchstabe des Beleidigers oder des Beleidigten sowie ein Hinweiswort eingetragen.

	Beleidigung von	Neckerei von	Beleidigung an	Neckerei an
Mutter				
Vater				
...				
...				

Am Ende der Woche werden die Wahrnehmungen und Beobachtungen gemeinsam betrachtet. Jeder hat fünf Minuten Zeit, die Eintragungen in seiner Zeile zu kommentieren. Danach werden die verschiedenen Perspektiven diskutiert.

Die Aufzeichnungen und ihre Diskussion können helfen, bewusster mit Sprache umzugehen. Sie lassen uns mehr darüber nachdenken, was beim anderen ankommt. Sie schärfen die Unterscheidungsfähigkeit zwischen Neckerei und wirklicher Beleidigung (und zwar aus beiden Perspektiven – als Adressat und als Versender).

Auf diese Weise erhalten alle Familienmitglieder eine ausführliche Rückmeldung über die Wahrnehmungen der anderen und ihre Interpretationen. Bei wiederholter Anwendung dieser Aufzeichnungen könnte z. B. deutlich werden, dass die Anzahl von Beleidigungen weniger vom Tun der anderen als von der eigenen Befindlichkeit abhängt.

Experiment 6:

Level 1

Am Ende einer Woche notiert jedes Familienmitglied sein Highlight und sein Lowlight in Bezug auf die innerfamiliäre Kommunikation.

1) Welche Äußerung war besonders nervig, ungerecht oder abwertend?
2) Welche Äußerung hat mich besonders gefreut oder glücklich gemacht?
3) Warum waren gerade diese Äußerungen so besonders?
   Im Anschluss erläutert jeder, was er aufgeschrieben hat.

Level 2

Die Familie entscheidet sich entweder für ein darauf folgendes Streiten oder einen kuscheligen »Schmusekurs«.

Im Streitmodus werden die fiesen Äußerungen bekräftigt und die schönen relativiert.

Im Kuschelmodus werden die fiesen Äußerungen entkräftet und die schönen verstärkt.

(Für viele Äußerungen lassen sich Belege und Gegenbelege finden. Hier kann man lernen, dass es nicht so sehr auf das ankommt, was gesagt wird, sondern darauf, wie es aufgefasst wird.)

Level 3

Jeder notiert seine Vermutungen darüber, welche eigentliche Botschaft in den Äußerungen gesteckt hat. Welche Wirkung hat sich der Sender erhofft?

Die plausibelste Vermutung erhält so viele Punkte wie Teilnehmer, die nächstplausible einen Punkt weniger usw.

Auf diese Weise kann man zu allen Äußerungen passende Vermutungen und deren Bewertungen finden.

Level 4

Bevor die Äußerungen aus Level 1 aufgedeckt werden, notiert jeder für jedes andere Familienmitglied die vermutete schönste (und schlimmste) von ihm wahrgenommene Aussage. Für jeden (annähernden) Treffer gibt es 3 Zusatzpunkte.

Wie wir etwas aufnehmen, hängt entscheidend von der eigenen Hypothese über uns selbst ab. Die Aussage

> »Deine Haare sehen heute richtig gut aus«

könnte von jemandem mit wenig Selbstwert interpretiert werden als:

> »Fast nichts an dir sieht gut aus – außer den Haaren. Heute mal. Und wahrscheinlich hat ein anderer dafür gesorgt.«

Mit viel Selbstwert könnte das Gehörte so klingen:

> »Du bist ein interessanter Mensch und hast ein gutes Gefühl für dein Outfit. Selbst die Haare hast du perfekt zu dir passend gestylt.«

Ein Gespür dafür zu haben, in welcher Situation welche Äußerung wie aufgenommen wird, ist eine großartige Fähigkeit, die sich in der Familie entwickeln lässt. Sie hilft später, ungewollte Verletzungen bei wichtigen Mitmenschen zu vermeiden, und erleichtert damit den Aufbau und die Pflege von Beziehungen. Mit diesem Gespür lässt es sich auch eher konstruktiv streiten. Gelingende Beziehungen erhöhen den Selbstwert.

Wunderbar wäre es, wenn das eine oder andere Experiment, das so oder ähnlich genau zu Ihrer Familie passt, visuell bereichert würde – entweder ganz konkret (vielleicht mit einem aus Sperrholz gefertigten Spielbrett und geschnitzten Spielfiguren) oder virtuell. Hierfür könnten Sie eines der zahlreichen Zeichenprogramme verwenden oder ein bestehendes Computerspiel auf andere Weise nutzen (beispielsweise bietet sich *Minecraft* als Grundlage vielfältiger Anwendungen an).

6.3 Gelassen und entspannt durchs Familienleben

Übung 1: Atmen

1) Zählen Sie beim Einatmen langsam bis fünf. Stellen Sie sich vor, dass Sie einen wohltuenden Duft aufsaugen, der dann Ihren ganzen Körper – bis in die Zehenspitzen – durchströmt. Spüren Sie, wie der Luftstrom die Innenwände Ihrer Nasenflügel kühlt. Atmen Sie tief in den Bauch. Stellen Sie

sich beim Ausatmen vor, dass Sie eine Kerze ausblasen, und zählen Sie dabei langsam bis fünf.

2) Steigern Sie die Zähleinheiten beim Ausatmen nach und nach auf zehn.
3) Spannen Sie während des Einatmens immer mehr Muskeln an. Halten Sie nach dem Einatmen kurz die Luft an. Atmen Sie anschließend langsam aus, wobei Sie alle Muskeln wieder entspannen. Wiederholen Sie dies fünfmal. Bleiben Sie danach etwa zwei Minuten mit geschlossenen Augen ruhig sitzen oder liegen – und denken Sie an etwas Schönes.

Übung 2: Achtsamkeit

Überlegen Sie sich am Abend, welche Handlung des kommenden Tages Sie besonders achtsam ausführen wollen. Während dieser Handlung bleiben Sie dann konzentriert und aufmerksam ganz bei der Sache. Ihre Gedanken fokussieren sich vollständig auf Ihr momentanes Tun.

Eine solche Handlung könnte z. B. eine Alltagstätigkeit sein wie:

- die (entspannte) Zubereitung des Frühstücks
- der Fußweg zur Arbeit – bei dem Sie alle Geräusche, Gerüche und visuellen Eindrücke sehr bewusst wahrnehmen (ohne die sich aufdrängenden Überlegungen zuzulassen)
- eine musische oder handwerkliche Tätigkeit nach der Arbeit

Oder Sie tun etwas eher Ungewöhnliches wie:

- das zehnminütige Beobachten der ziehenden Wolken am Himmel
- das Lauschen auf Ihren selbst erzeugten schönsten Ton
- das Ganz-langsam-Gehen, bei dem Sie dem Abrollen Ihrer Füße nachspüren
- das Umfassen eines Baumes und das Abtasten seiner Rinde

- mit einer Hand auf den Kopf klopfen und gleichzeitig mit der anderen den Bauch reiben
- zwei Bücher auf dem Kopf durch das Zimmer balancieren
- achtsam ein Stück Brot o. Ä. essen …

Erst die Entschleunigung ermöglicht komplexe Aktivitäten wie Bildung, Bergsteigen, Freundschaft, Hausbau und den Aufbau einer Familie. Zeitdruck bringt nur kurzlebige Ergebnisse hervor.

Versuchen Sie, Entspannungs- oder Langsamkeitsübungen in Ihrer Familie zu etablieren – auch als Prophylaxe gegen Schul- oder Prüfungsangst und Arbeitsstress. Ermutigen Sie sich gegenseitig.

Zahlreiche Anleitungen finden Sie im Internet – z. B. zur Progressiven Muskelentspannung nach Jacobson. Jeden Monat könnte ein Familienmitglied eine neue tolle Entspannungsübung vorstellen.

Als familiäre Achtsamkeitsübung könnten Sie sich entschließen, für eine Viertelstunde gemeinsam nichts zu tun und dabei alle Sinne gleichzeitig oder nacheinander zu öffnen:

- mit geschlossenen Augen zuerst alle Geräusche, dann alle Gerüche und letztlich mit geöffneten Augen alles Visuelle durch ein offenes Fenster wahrnehmen
- auf einer Wiese stehend den Amseln beim Ameisenhaschen oder Bodendurchpflügen zuschauen
- einen Stein umdrehen – schauen, hören, riechen, fühlen, was sich darunter verbirgt.

Anschließend könnte jeder von seinen Entdeckungen berichten.

Je öfter Kinder die Möglichkeit haben, Momente der Stille und Sammlung zu erleben, desto stärker wird ihr Gefühl des inneren Gleichgewichts.

Kreieren Sie Beruhigungsrituale. Zünden Sie beispielsweise vor dem Abendessen eine Kerze an – schauen Sie gemeinsam eine Weile auf die Flamme. Wer mag, kann kurz ein schönes Tageserlebnis nennen.

Übung 3: Geduld

Wir leben heute in einer »Instant-Gesellschaft« – alles ist sofort verfügbar oder erfüllbar. 24-Stunden-Service gibt es für fast alles: Bücher, Lebensmittel, Elektronik, Reisen, Nachrichten, Reparaturen, Finanzen, Häuser …

Das Internet heizt die Ungeduld an. Wir verlernen das Warten. Geschieht etwas nicht sofort, werden wir unruhig oder fühlen uns gereizt. Unser Körper wird unnötigerweise in einen Alarmzustand versetzt. Wenn wir über ausreichend Geduld verfügen, können wir uns diese überflüssigen Stresszeiten ersparen. Aus dem Wartenkönnen kann sich darüber hinaus sogar große Stärke entwickeln.

Da Geduld wie ein Muskel trainiert werden muss, folgt hier die Anregung zu einer täglichen Geduldsübung – online und offline.

Online

1) Wählen Sie eine mediale Tätigkeit, die Sie mehrfach täglich ausführen: z. B. den Check von Gesprächsnachrichten oder einem E-Mail-Postfach, die Nutzung eines Nachrichten- oder Kaufportals.
2) Legen Sie für sich maximal 3 Zeiten pro Tag fest, zu denen Sie künftig in dieser Form medial aktiv werden. Dies können Sie auch durch die Nutzung von Software bzw. Apps unterstützen, die Ihren Internetzugang für eine festgelegte Zeitdauer kappen.
3) Wenn Sie aus guter alter Gewohnheit auch zu weiteren Zeiten den entsprechenden Drang zur Mediennutzung verspüren: Entspannen Sie sich, atmen Sie tief durch und genießen

Sie, dass Sie jetzt noch Zeit für etwas anderes Schönes haben. (Schalten Sie in jedem Fall die Hinweistöne auf Ihrem Handy oder Computer ab – die ständige Ablenkung ist Gift für Aufmerksamkeit und Produktivität.)

4) Wenn Sie erleben, wie gut Ihnen diese Entschleunigung tut, können Sie mit einer weiteren Verkürzung der täglichen Zeitfenster oder der Verringerung ihrer Anzahl experimentieren.

Offline

1) Wählen Sie eine (regelmäßig wiederkehrende) Situation, die Ihnen meist mehr Geduld abverlangt, als Sie in dem Moment besitzen: z. B. bei kleinen Kindern das Wartenkönnen beim Anziehen, bei 9- bis 14-jährigen das Wartenkönnen auf das Erledigen von Haushaltspflichten, bei älteren Jugendlichen und jungen Erwachsenen die Geduld bei der Umsetzung von geplanten Vorhaben oder beim Finden des eigenen Weges.
2) Jedes zweite Mal, wenn der Unmut in Ihnen wieder wächst, sagen Sie sich: Das nächste Mal ärgere ich mich schon jetzt – und zwar mit voller Kraft, aber heute bin ich frei. Heute gönne ich mir diesen Moment, um mal ganz in Ruhe auf die Welt da draußen oder die Welt in mir zu schauen. Welche guten Begegnungen sind heute möglich? Was werde ich am Ende dieses Tages alles erlebt haben?
3) Beobachten Sie, wie sich Ihre gezeigte Geduld auf Ihre Beziehungen auswirkt. Experimentieren Sie mit dem Wartenkönnen in weiteren Bereichen Ihres Lebens: in Bezug auf den Partner, auf Freunde oder die Arbeit. Dabei kann es anfänglich durchaus noch etwas kribbeln (wenn Sie ja eigentlich nicht der geduldige Typ sind). Interpretieren Sie es als Vorfreude auf ein gelasseneres und genussvolleres Leben.
4) Versuchen Sie, sich für einen Moment in die Lage Ihres Gegenübers – v. a. Ihrer Tochter oder Ihres Sohnes – zu verset-

zen. Wie sieht die Welt mit den Augen Ihres Gegenübers aus? Welche momentanen Nöte erlebt sie oder er gerade? Welches Bedürfnis kommt zu kurz, sodass Ihre Geduld so strapaziert wird?

Feiern Sie sich am Abend für eine gelungene Geduldsübung, ein gutes Gespräch mit Ihrer Tochter oder Ihrem Sohn, ein harmonisches Abendessen, die gelungene Zubereitung einer Speise …

Übung 4: Vergebung

Verletzungen lassen sich bei menschlichen Begegnungen nicht vermeiden – weder offline noch online. Wir alle verletzen (ungewollt) und werden (unverdient) verletzt. Zum echten Problem wird es erst, wenn wir nicht vergessen können oder wollen. Wenn wir vergeben, heilt die Verletzung – wir verlassen die Opferrolle.

1) Nehmen Sie Ihren Zorn bewusst wahr und lassen Sie ihn raus: Schreien Sie, brüllen Sie ins Kissen oder erzählen Sie es einem Freund.
2) Welche Gefühle verbergen sich hinter dem Zorn? Nehmen Sie Ihre Trauer, Ihren Schmerz oder Ihren Hass wahr. Woran erinnert Sie dieses Gefühl?
3) Lassen Sie diese Gefühle los. Lösen Sie sich aus den emotionalen Ketten und spüren Sie Ihre wiedergewonnene Freiheit.
4) Vergeben Sie der für den Moment unachtsamen Person, indem Sie sie wieder als ganzen Menschen sehen: unsicher, einsam, bedürftig, ängstlich, aggressiv und emotional unvollkommen.
5) Selbstvergebung: Überlegen Sie am Abend, welche kleine Unzulänglichkeit, Unwissenheit, Gedankenlosigkeit, Unehrlichkeit, Inkonsequenz, Boshaftigkeit … Sie heute haben geschehen lassen. Vergeben Sie sich.

Übung 5: Stimmung und Impuls

Mitunter kommen Eltern nach einem anstrengenden Arbeitstag nach Hause und denken schon weit vor der Haustür an ihr tatenloses, computerspielendes, chattendes oder zappendes Kind. Dann regt sich der Impuls, ihm zu sagen, dass das bescheuert, langfristig schädlich und asozial sei. Das hilft vielleicht, um Frust loszuwerden, wirkt aber wenig lösungsorientiert. Die Eskalation ist vorprogrammiert. Vielleicht geht es Ihnen manchmal ähnlich.

1) Geben Sie dreimal Ihrem ersten Frustimpuls nach. Brüllen Sie schon während des Aufschließens in die Richtung des Zimmers Ihrer Tochter oder Ihres Sohnes, wie blöd Sie es finden, dass sie oder er schon wieder vor einem Bildschirm sitzt; welche tollen Dinge ohne digitale Medien möglich wären und dass Sie sich das nicht länger mit ansehen mögen.
2) Geben Sie beim vierten Mal Ihrem ersten Frustimpuls nicht nach. Versuchen Sie, ihn zu kontrollieren, zu kanalisieren und umzuwandeln. In Ihrer Frustpower steckt Energie – nutzen Sie sie für eine erfolgversprechende Alternative. Entschließen Sie sich beispielsweise spontan zu einer Aktion, zu der Ihr Kind nicht nein sagen kann. Oder verzichten Sie auf die Umsetzung des Impulses und belohnen sich dafür.

Übung 6: Beruhigender Ort

1) Gestalten Sie gemeinsam einen friedlichen Platz im Haus, an den sich alle zur Auszeit zurückziehen können – mit Kissen, beruhigenden Klängen, der Möglichkeit zu lesen, zu malen usw.: ein Ort, an dem man zu sich kommen kann.
2) Falls es möglich ist, kreieren Sie auch draußen gemeinsam einen beruhigenden Ort für das Kind. Das kann eine kleine Höhle, ein Baumhaus oder einfach ein Platz auf dem Hof, im Park oder auf dem Feld sein.

Übung 7: Familienlesezeit

Lesen hat als Ritual mindestens zwei großartige Wirkungen: Es wirkt als echte Entschleunigung (da jeder seinem eigenen Leserhythmus folgt) und es ermöglicht das Eintauchen in eine Welt, die durch andere entworfen, doch vorwiegend selbst innerlich ausgestaltet wird. Beim Vorlesen kommt hinzu, dass eine gemeinsame Gedankenwelt entsteht.

Organisieren Sie regelmäßig eine familiäre Lesezeit. Hierbei kann jeder für sich lesen – evtl. mit einem anschließenden Austausch über das Gelesene. Oder einer liest vor, und die anderen hören zu.

Überlegen Sie gemeinsam, wer die Lesezeit auf welche Weise vorbereitet. Schaffen Sie eine entspannte Atmosphäre.

Literaturempfehlungen für Kinder und Jugendliche finden Sie im Internet oder offline – beispielsweise in den entsprechenden Rubriken der überregionalen Zeitungen oder in *Was soll ich denn lesen? 50 beste Kinderbücher* von Monika Osberghaus oder in *Litparade. Die 100 besten Jugendbücher* von Lothar Schröder. Meine Empfehlungen wären *Meine Insel der Stille* von Sabine Seyffert, *35 Kilo Hoffnung* von Anna Gavalda oder *Das Herz des Piraten* von Benno Pludra.

Übung 8: Familienspielzeit

Um Stress und Spannung abzubauen, können wir beispielsweise Dinge tun, die uns Freude machen – um der Freude willen (Hobbys sollten also ausschließlich dem Vergnügen und nicht einer Produktivität dienen). Wir tragen wahrscheinlich ein angeborenes Verlangen zum Spielen in uns. Spielerisch werden viele Dinge sinn- und lustvoller, Beziehungen können sich dabei verbessern. Wir fühlen uns jünger und denken positiver.

Erklären Sie (wenigstens) 2 Stunden in der Woche zur Familienspielzeit.

Abwechselnd schlagen die Familienmitglieder vor, was sie in dieser Zeit gemeinsam tun: Toben im Park, Kissenschlacht, Verkleiden, Seilspringen, Ballwerfen, gegenseitig schminken, Fahrstuhlfahren, Federball, ein Karten- oder Brettspiel, (Kick-) Fußball, ein Computerspiel im Mehrspielermodus (mit gleichgroßen Chancen für alle), Tischtennis …

Übung 9: Familienfeiertag

Erklären Sie einen Tag im Monat zum Familienfeiertag.

Organisieren Sie für die Feierstunde eine warme und entspannte Atmosphäre.

Reihum erzählt jeder von einem Erlebnis der zurückliegenden vier Wochen, das er gern mit der Familie feiern möchte.

Gemeinsam wird über das Feierritual abgestimmt: anerkennendes Schulterklopfen, Lobgesang, Nasenkuscheln, über den Köpfen durch den Raum tragen, Familienfeiertanz, unter lautem Jubel in die Höhe werfen, feierliches Überreichen eines Erfolgssymbols, gemeinsam laut jubelnd durch die Straßen ziehen …

Übung 10: Ein Abschaltritual

Schlaf ist die Grundlage des Lernens – zu wenig Schlaf macht krank und dumm. Das Gehirn braucht Ruhe, um Ballast abzuwerfen und Platz für Neues zu schaffen. Menschen, die abends abschalten können, arbeiten am nächsten Tag besser, eigenständiger, mit mehr Engagement und Initiative.

Digitale Medien versorgen uns ständig mit neuen visuellen Eindrücken. Zur Vorbereitung auf einen tiefen, erholsamen Schlaf taugen sie wenig. Sorgen Sie dafür, dass Ihre Familie eine Stunde vor dem Schlafen wirklich abschalten kann. Lassen Sie beispielsweise einige Schlaflieder, Entspannungs- oder ruhige klassische Musik erklingen. Sie können auch noch einmal gemeinsam um den Block gehen. Oder sich eine Geschichte vorlesen. Oder Nonsens zuflüstern. Oder kuscheln. Oder sich gegenseitig massieren. Oder …

Einige der Übungen lassen sich medial gut unterstützen. Für Erinnerungen oder zur Dokumentation eignen sich besonders Tablet und Smartphone. Heft oder Schreibblock sind bei Bedarf allerdings eine gleichwertige Alternative.

Zur Unterstützung von Entspannung und Meditation gibt es eine Vielzahl entsprechender Apps. Meistens werden einige Sitzungen kostenfrei angeboten. Um beispielsweise aus einer Reihe von Fantasiereisen wählen zu können, müssen Sie dann allerdings etwas bezahlen. Ein geliehener Datenträger aus der Bibliothek würde diesen Zweck aber ebenso erfüllen.

6.4 Das große Abenteuer Familie

Abenteuer 1: Weltentdeckung

Wenn wir uns von Zeit zu Zeit daran erinnern, unsere Umgebung achtsam wahrzunehmen, werden wir viel mehr von der Welt entdecken. Jeden Moment könnte sich eine neue Frage ergeben, die es zu untersuchen lohnt.

1) Nehmen Sie sich 5 Minuten Zeit.
2) Schauen Sie sich um oder blicken Sie aus dem Fenster. Wählen Sie einen Gegenstand, eine Pflanze, ein Tier oder eine Naturerscheinung und denken Sie drei Minuten darüber nach.
3) Formulieren Sie eine Frage, die Sie sich so noch nie gestellt haben.
4) Loben Sie die Fragestellung als familiären Forschungsauftrag für die nächsten 1 bis 2 Wochen aus.
5) Entscheiden Sie, ob jeder für sich forscht oder alle gemeinsam. Bei gemeinsamer Forschung könnte jeder eine andere Quelle auswerten (z. B. eigene Beobachtung mit Hilfsmitteln

wie einer Smartphone-Kamera, Anfrage an Bekannte, Bibliothek, Internet, Anfrage bei Ämtern usw.).

6) Feiern Sie die Beantwortung als neue Entdeckung.

Hier einige Anregungen für Fragestellungen:

- Wie entsteht heute Papier?
- Wie alt ist das Gebäude gegenüber?
- Wie hoch ist der nächste Baum?
- Warum schnurrt eine Katze und wie erzeugt sie den Schnurrton?
- Wie lang ist der Abwasserweg von zu Hause bis ins Klärwerk?
- Wie schwer ist eine Wolke?
- Wie viel Wasser(dampf) kann maximal in einem Kubikmeter durch die Luft schweben?
- Wie viele Server muss eine E-Mail im Durchschnitt passieren, bis sie ankommt?
- Wie verteilt sich ein Tropfen Milch im Kaffee?
- Wie viele Zellen hat ein Apfel?
- Wie viel Energie verbrauchen derzeit alle Mobiltelefone zusammen auf der Welt zusammen?
- Welche Tierart wurde zuletzt entdeckt?
- Wie viele verschiedene Tiere und Pflanzen leben auf einem Quadratmeter im eigenen Garten oder auf der nächsten Wiese?

Abenteuer 2: Familienexperimente

Sie können auch mit Fragestellungen aus unterschiedlichen Bereichen gemeinsam experimentieren:

- biologisch: Wie schnell wächst ein Pilz? Fressen Igel Ameisen? Woher kommen Obstfliegen? Wie schnell vermehren sie sich?
- psychologisch: Wie lange hält es X durch, zu Y nur freundliche Worte zu sagen?

- physikalisch: Kann man Wasser in 2 verbundene Behälter gießen, sodass der Wasserspiegel unterschiedlich stark ansteigt?
- mathematisch: Lässt sich das Königsberger Brückenproblem lösen? Gibt es einen perfekten Euler-Ziegel?
- (bio)chemisch: Bei welcher Temperatur beginnt Hühnereiweiß zu gerinnen – lässt sich der Prozess umdrehen? Bei welcher Temperatur flockt flüssige Schokolade aus?
- physiologisch: Wie lange kann man mit geschlossenen Augen auf einem Bein stehen?
- philosophisch: Wird künstliche Intelligenz in naher Zukunft in der Lage sein, sich selbst zu regenerieren bzw. sich permanente Akku-Energie zu organisieren? Welche Rolle wird der Mensch zukünftig spielen?
- medial: Gibt es eine Software oder App, die das Hobby eines Familienmitglieds sinnvoll unterstützen würde?
- musisch: Welches Instrument kennt bisher niemand aus der Familie? Wie ließe sich ein neues Instrument selbst kreieren und fertigen?

Abenteuer 3: Familienrätsel

Auch in Bezug auf Ihre eigene Familie können Sie mitunter gemeinsam noch eine Reihe von interessanten Entdeckungen machen. Das Einbeziehen der Großelterngeneration und des erweiterten Familienkreises kann die Bindungen weiter stärken.

- Wie erhielt die Familie ihren Nachnamen? Was bedeutet dieser?
- Was hat die Eltern der Mutter bzw. des Vaters zur Wahl des Vornamens inspiriert? Was bedeutet dieser?
- Wie hießen die Ur- und Ururgroßeltern?
- Womit haben die Urgroßeltern ihren Alltag verbracht?
- Was war oder ist der größte Lebenstraum der Großeltern?
- Welche Reisen haben die Großeltern schon unternommen?

- Gibt es jemanden aus dem Familien- oder Freundeskreis, der Deutschland für längere Zeit verlassen hat? Welche Erfahrungen hat dieser gesammelt?
- Wie viele Menschen kennt X, die nicht aus Deutschland stammen? Was weiß X über ihre Persönlichkeit, ihre Herkunft, ihren Weg, ihre Kultur und ihr Leben hier?

Abenteuer 4: Randerkundungen

1) Nehmen Sie sich einen Stadtplan Ihres Wohnortes vor.
2) Fahren Sie am Rand des Ortes langsam mit dem Finger entlang. Prüfen Sie dabei jeweils genau, ob Sie den Bereich kennen.
3) Wenn Sie an einem Ihnen unbekannten Gebiet angelangt sind, markieren Sie dieses mit einem Bleistiftkreis.
4) Planen Sie den Weg von Ihrem Wohndomizil aus, den Sie zu Fuß oder mit dem Fahrrad zurücklegen werden.
5) Laden Sie Ihr Kind ein, demnächst gemeinsam eine Nachtwanderung zu unternehmen. Legen Sie (gemeinsam) den Termin fest.
6) Rüsten Sie sich und Ihr Kind mit Taschen- oder Stirnlampen und einem kleinen Notizbuch aus.
7) Machen Sie sich auf den Weg. Notieren Sie die Startzeit. Was begegnet Ihnen an Ungewöhnlichem? Welche Fragen drängen sich zu dem neu erkundeten Gebiet auf?
8) Unternehmen Sie in den nächsten zwei Wochen tagsüber einen Ausflug in dieses Gebiet. Was gibt es noch zu entdecken? Worin unterscheiden sich die Tages- und Nachteindrücke?

Abenteuer 5: Verrückte Welt

Kinder und Jugendliche wollen und müssen verrückte Dinge tun. Bei vielen realweltlichen Verboten durch die Eltern bleibt ihnen dazu mitunter nur das Internet. Wie viel Verrücktheit gestehen Sie sich selbst noch zu?

1) Wann haben Sie das letzte Mal etwas Verrücktes getan?
2) Was genau war das?
3) Was würden Ihre Kinder dazu sagen bzw. was haben sie dazu gesagt?
4) Wie groß war das abschätzbare Risiko dabei?
5) Notieren Sie fünf Dinge, die für Sie »verrückt« sind. Mindestens drei sollten direkt umsetzbar sein (z. B. auf einen Kran klettern, in den Stadtteich springen, auf dem Marktplatz singen oder tanzen, nachts durch fremde Gärten schleichen …).
6) Welche Verrücktheit wollen Sie sich demnächst gönnen?
7) Wären Ihre Kinder gern dabei?

Abenteuer 6: Mitgefühl

Mit Mitgefühl ist nicht Bedauern gemeint, sondern die Fähigkeit, sich in eine Situation einfühlen zu können und zu spüren, was die Beteiligten bewegt, was ihnen fehlt und was zu tun ist, damit es ihnen gut geht. Um uns angemessen einzufühlen, sollten wir die Signale der momentanen Stimmung des anderen entschlüsseln können.

1) Vereinbaren Sie, wer in der kommenden Woche für wessen Stimmung eine Stunde lang zuständig sein wird. Dabei können Sie Wochentag und Zeit genau festlegen, oder Sie definieren eine bestimmte Stimmung, bei deren Auftreten man sich zusammenfindet und dies thematisiert.
2) Der Zuständige listet in der entsprechenden Stunde zunächst die von ihm beobachteten Signale für die aktuelle Stimmung auf.
3) Der Zuständige stellt Vermutungen darüber an, welche Gefühle und körperlichen Empfindungen sein Gegenüber gerade bewegen.

4) Der Betreute gibt eine Rückmeldung zu den Vermutungen.
5) Der Zuständige stellt Vermutungen über mögliche Gedanken des Gegenübers an. Dieser kann Rückmeldungen dazu geben.
6) Der Zuständige stellt eine Vermutung darüber an, von welchem im Moment weniger präsenten Gefühl wieder mehr zu spüren und welches dagegen möglichst schwach ausgeprägt sein soll.
7) Der Zuständige bietet eine Aktivität an, um dies zu erreichen. Der Betreute entscheidet, ob er das hilfreich findet. Falls nicht, kann eine andere Aktivität angeboten werden. Falls auch diese nicht optimal erscheint, wird sie gemeinsam modifiziert, oder der Betreute schlägt selbst eine Unternehmung vor.
8) Am Ende der Stunde beschreiben beide, wie es ihnen geht.

Bevor digitale Medien zur Stimmungsregulation herangezogen werden, sollte wenigstens ein haptischer Vorschlag gemacht worden sein. Insgesamt soll der Anteil virtueller Aktivitäten maximal fünfzig Prozent betragen.

Abenteuer 7: Digitale Welt I

Irgendwann ist es dann für Ihr Kind so weit: Der Schritt durch das Portal in die selbstgesteuerte virtuelle Welt steht an. Sie als Eltern tragen die Hauptverantwortung für die Entscheidung, wann der richtige Zeitpunkt gekommen ist. Während Sie diesen Schritt begleiten, können Sie beobachten, inwieweit Ihr Kind den neuen Herausforderungen gewachsen ist.

In vielen Familien ist für die Kinder mittlerweile der Kleinstcomputer (das Smartphone) das digitale Einstiegsgerät.

1) Entscheiden Sie sich beim Kauf für ein Gerät mit möglichst wenigen Optionen. (Falls Sie sich für die Weitergabe eines

abgelegten Smartphones entscheiden, können Sie es mit einer Kinderschutzsoftware ausstatten.)

2) Richten Sie das Gerät gemeinsam ein.
3) Gehen Sie die ersten drei wichtigen Funktionen gemeinsam durch. Erklären Sie die Funktionsweise und lassen Sie Ihr Kind es ausprobieren.
4) Bei einem Smartphone sollten Sie den Internetzugang und die Bluetooth-Funktion deaktivieren (in jedem Fall, wenn Ihr Kind unter 12 Jahre alt ist – Anleitungen sind im Internet abrufbar, beispielsweise unter www.schau-hin.de).
5) Wenn Sie Ihrem Kind einen Internetzugang für das Smartphone oder Tablet gewähren, sichern Sie die Aktivierung von App-Käufen bzw. das Herunterladen von Programmen mit einem Passwort.
6) Vereinbaren Sie die Nutzungsregeln (möglichst kein Gebrauch am Esstisch; lautlos oder ausgeschaltet in der Schule und bei Veranstaltungen oder im Kino; moderate Musiklautstärke).
7) Sprechen Sie über Kosten, Risiken und Konsequenzen.
8) Vereinbaren Sie für die erste Zeit einen regelmäßigen Austausch (Was macht besonders viel Spaß? Was ist eher anstrengend? Was hat sich durch die Nutzung verändert? Was wäre noch wünschenswert?).

Abenteuer 8: Digitale Welt II

1) Wenn Ihr Kind an einem sozialen Netzwerk teilnehmen möchte, wählen Sie gemeinsam ein kindgerechtes aus und begleiten Sie es bei der Anmeldung.
2) Wählen Sie auch die ersten Spiele gemeinsam aus.
3) Vereinbaren Sie klare Regeln (beispielsweise in Bezug auf die Nutzungszeit). Eine unterstützende Software ist oft hilfreich und für alle Arten von digitalen Geräten erhältlich (z. B. bei www.salfeld.de).

4) Beobachten Sie Ihr Kind von Zeit zu Zeit beim Spielen. Achten Sie auf Verhaltensänderungen.
5) Regen Sie Ihr Kind dazu an, sich selbst zu beobachten. Verstärken Sie die Wahrnehmung der Unausgeglichenheit bei ungenügender Bewegung und fehlendem Sauerstoff. Fragen Sie nach dem tiefen und erholsamen Schlaf nach einem bewegungsintensiven Tag.
6) Lassen Sie Ihr Kind die kreativen Möglichkeiten digitaler Geräte entdecken: Produzieren Sie Audio- oder Videosequenzen; erstellen Sie Comics oder andere visuelle Kunstwerke; nutzen Sie die Archivierungs-, Strukturierungs- oder Planungsoptionen.
7) Verstärken Sie die musischen Ambitionen Ihres Kindes mithilfe digitaler Technik, indem Sie Software herunterladen, die das Lernen eines Instruments unterstützt. Sie können die Geräte auch selbst wie ein Instrument nutzen – dafür steht eine Vielfalt von intuitiv bedienbarer Software und Apps zur Verfügung. Sie können Songs entwickeln oder kleine Loops kreieren, zu denen Sie dann mit Mundharmonika, Gitarre, Piano oder Percussion (wie Bratpfanne, Kochlöffel, Farbeimer …) improvisieren.
8) Jugendliche könnten Sie dazu anregen, einen digitalen Partyspaß vorzubereiten (ein kommunikatives Spiel; ein Gestaltungsspiel; ein Rätselspiel; eine instrumentale Sequenz, zu der dann live performt wird, o. Ä.).

Abenteuer 9: Emotionsforschung in der Familie

Wie in allen Beziehungen geht es allen Familienangehörigen mal besser und mal weniger gut miteinander. Bewusst wahrzunehmen, welche Voraussetzungen eher zu dem einen oder anderen Zustand führen, hilft, sich wohlwollend immer wieder aufeinander einzulassen.

1) In welcher Stimmung sollte wer mindestens eine halbe Stunde in Ruhe gelassen werden?
2) Bei welchen gemeinsamen Aktionen fühlen sich (meist) alle wohl?
3) Wem gelingt es, besonders behutsam mit den anderen umzugehen?
4) Wie erhebend ist es für wen, wenn eine Herausforderung gemeistert wurde? Wie lässt sich das gemeinsam feiern?
5) Wann ist es gut, Unterstützung anzubieten?
6) Wer erlebt derzeit die meisten Abenteuer?
7) Welche kleine oder größere Krise wurde zuletzt gemeistert? Wie ist das gelungen?
8) Wer hat die tollsten Konfliktlösungsstrategien? Was könnten andere davon übernehmen?
9) Welche Herausforderung, welches Abenteuer könnte die Familie demnächst erwarten? Mit welchen Gefühlen wird das für den Einzelnen verbunden sein?

6.5 Familienchillen

Familienzusammenkünfte in Form eines Familienrats sind für viele ein gutes Mittel, um wichtige Belange miteinander zu besprechen. In ritualisierter Form bieten sie die Möglichkeit, in entspannter Atmosphäre konstruktive Ideen zu entwickeln und dabei alle Perspektiven zu berücksichtigen. Jede Sitzung ist ein neues Experiment – das Ergebnis ungewiss.

Wenn es länger nicht gelungen ist, gemeinsame und für alle attraktive Wochenendaktionen zu finden, kann man eine solche Zusammenkunft für die gemeinsame Wochenendplanung nutzen.

Um die Erfolgschancen zu erhöhen, fragen Sie sich zunächst:

- Wie liefen bisher (oder früher) Familiensitzungen bzw. Familiengespräche ab?
- Wer hat sie einberufen?
- Wer fühlte sich besonders verantwortlich?
- Welche wichtigen Dinge wurden besprochen?
- Welche interessanten Eigenheiten zeigten sich bei den einzelnen Beteiligten?
- Wer hat darauf auf welche Art reagiert?
- Für wen waren die Gespräche bisher am hilfreichsten? Wie ist das zu erklären?

Vergegenwärtigen Sie sich in einem zweiten Schritt eindrucksvolle Ausflüge oder Familienaktionen, die sich nach Möglichkeit nicht (nur) auf einen gemeinsamen Urlaub beziehen, da die Wochenendplanung in den Alltag integriert werden soll.

- Was denken wir als Eltern darüber, was für unsere Kinder (im vergangenen Jahr) das schönste gemeinsame Familienerlebnis war?
- Was könnten unsere Kinder daran besonders geschätzt haben?
- Was glaube ich, was mein Kind nennen würde, wenn es nach dem für uns Eltern schönsten gemeinsamen Familienerlebnis (im vergangenen Jahr) gefragt wird?
- Was hat zum Gelingen dieser Aktion beigetragen?

Für die konkrete Planung sollten Sie sich gemeinsam an hilfreiche Gesprächsregeln erinnern. Sammeln Sie entsprechende Hinweise, Wünsche und Prämissen auf einem großen Blatt Papier oder geben Sie sie direkt in den Rechner ein. Anschließend handeln Sie die Regeln aus: Diskutieren, konkretisieren oder modifizieren Sie das Notierte bis zum allseitigen Konsens. Erst dann wird es als Kommunikationsregel fixiert.

Hilfreiche Regeln sind beispielsweise:

- ausreden lassen
- aufmerksam zuhören können

- Meinungen akzeptieren (und ernst nehmen)
- ruhig bleiben
- sachlich und respektvoll diskutieren
- Ehrlichkeit (sich selbst und den anderen gegenüber)
- Klartext reden (so viel wie nötig, so wenig wie möglich)
- Ichbotschaften formulieren (»Ich wünsche mir, dass ...« statt »Du sollst ...«)
- Bewertungen, Vorwürfe und Pauschalisierungen vermeiden
- keine Schuldzuweisungen oder verletzenden Worte.

Sobald die Kommunikationsregeln geklärt sind, kann man immer wieder auf diese verweisen. Für den Fall, dass ein Familienmitglied sie mehrfach missachtet, sollten Konsequenzen vereinbart werden (z. B. das Ausrichten eines Abendmenüs oder die jeweils 5-minütige Massage jedes Familienmitglieds, um den verursachten Stress zu kompensieren). Bei jeder Sitzung könnte ein Regelwächter benannt werden, der auf die Einhaltung der Regeln und möglichst gleichmäßig verteilte Gesprächszeiten aller achtet. Diese Rolle sollte von Mal zu Mal wechseln.

Die Planung selbst beginnt mit einem gut gewählten Termin für die Familienkonferenz. Dieser sollte nicht erst am Wochenende selbst liegen – jedoch auch nicht zu früh, da Jugendliche heute sehr kurzfristig planen und sich oft nicht auf lange Sicht festlegen wollen.

Die Familienkonferenz könnte mit einer Befindlichkeitsrunde eingeleitet werden, in der jeder kurz (und ohne Kommentar der anderen) schildert, in welcher Gemütslage (und evtl.: aus welchen Gründen) er sich gerade befindet.

Anschließend trägt der Erste die Zeiten in den Planungsbogen ein, die er am Wochenende allein bzw. ohne Familie verbringen möchte – dabei sollte keinesfalls der gesamte Tag mit Aktivitäten belegt sein. Dann wird der Bogen weitergegeben, bis jeder seine Ideen notiert hat (die hellen Zahlen sind mögliche

Tag	Zeit	Vorschlag Vater	Vorschlag Mutter	Vorschlag Sohn/ Tochter	Vorschlag Sohn/ Tochter	Zeit	Planung für Gemeinsames	Auswertung
Sa	10					10		
	13					13		
	16					16		
	19					19		
	22					22		
So	10					10		
	13					13		
	16					16		
	19					19		
	22					22		

Abb. 1: Vorlage zur Wochenendplanung[1]

1 Eine Vorlage für diesen Wochenendplan zum Downloaden finden Sie auf der Seite http://www.carl-auer.de/machbar/familie_entspannter_umgang_mit_digitalen_medien.

Uhrzeiten zur Unterstützung der zeitlichen Strukturierung, die jedoch überschrieben werden können).

Nun notiert jeder reihum, was er gern mit einem oder mehreren Familienmitgliedern unternehmen möchte. Gemeinsam werden die Vorschläge auf ihre Umsetzbarkeit geprüft und die entsprechenden Eintragungen farbig markiert. Diese werden dann in die Spalte »Planung für Gemeinsames« übertragen. Dabei wird anhand der Zeilen erkennbar, welche Zeiten sich dafür eignen.

Abschließend können Ideen für weitere gemeinsame Aktionen gesammelt werden. Mögliche Beispiele: das Schauen eines gemeinsam ausgewählten Films, gemeinsames Backen oder Kochen, ein bestimmtes Gesellschafts- oder Videospiel sowie der Austausch über aktuell Gelesenes.

Nach dem Wochenende kann mithilfe des Planungsbogens eine kurze Auswertung der einzelnen Aktivitäten erfolgen. Gemeinsam sollen die Einschätzungen für die Spalte »Auswertung« ausgehandelt werden, sodass die einzelnen Aktionen die Kennzeichnung »weniger gut«, »gut«, »optimal« oder »grandios« erhalten.

- Welche Aktion ist zeitlich und organisatorisch so gelungen wie geplant?
- Wobei hat sich gezeigt, dass noch einige Reserven aktiviert werden können?
- Wobei hatte wer am meisten Spaß?
- Nach welchem Tag konnte wer besonders gut schlafen (und träumen)?
- Angenommen, wir würden ein Familientagebuch führen: Was würden wir über welche Aktivität eintragen?
- Unter welcher Überschrift würde das Wochenende beschrieben werden?
- Was sollten wir bei einer wiederholten Aktion (noch) beachten?

Diese Auswertung kann gleichzeitig als Grundlage für die Planung eines nächsten Wochenendes dienen. Denkbar wäre auch die Einigung auf ein Zeitfenster, das wöchentlich, vierzehntägig oder monatlich durch gemeinsam geplante Aktivitäten belegt wird. So muss man nicht das gesamte Wochenende besprechen. Freiräume für individuelle Aktivitäten blieben gewährleistet, ohne dass man auf Gemeinsames verzichten müsste.

6.6 Ein Struktogramm zur Mediennutzung

Struktogramme setzt man in der Softwareerstellung ein, um Klarheit und Nachvollziehbarkeit einzelner Schritte in Bezug auf die Realisierung eines Gesamtziels zu erzeugen. Mithilfe einer standardisierten Sprache lassen sich mögliche Abläufe kommunizieren und auf ihre Tauglichkeit überprüfen.

Bevor Sie sich dieses (nichtstandardisierte) Struktogramm ansehen, beantworten Sie bitte folgende Fragen:

- Scheint die einzige Leidenschaft meines Kindes zurzeit in der Nutzung von Smartphone, PC, Spielekonsole bzw. Fernseher zu bestehen?
- Erlebe ich mein Kind in den vergangenen Monaten selten in der Gemeinschaft gleichaltriger Freunde oder Bekannter?
- Hat mein Kind musische und sportliche Aktivitäten weitgehend eingestellt?
- Beziehen sich Gespräche mit meinem Kind zu Hause in letzter Zeit vorrangig auf unerledigte Pflichten in der Schule und im Haushalt?
- Erlebe ich ein stark vermindertes Interesse an gemeinsamen familiären Aktivitäten?
- Wurde die Organisation gemeinsamer Mahlzeiten in letzter Zeit immer mehr zu einem anstrengenden und frustrierenden Ritual?
- Führen die unterschiedlichen Auffassungen der Mediennutzungsintensität immer wieder zu eskalierenden Diskussionen (mit immer wiederkehrenden gleichen Argumenten)?
- Bekomme ich allein bei dem Gedanken daran, wie intensiv mein Kind Bildschirmmedien nutzt, Beklemmungen?

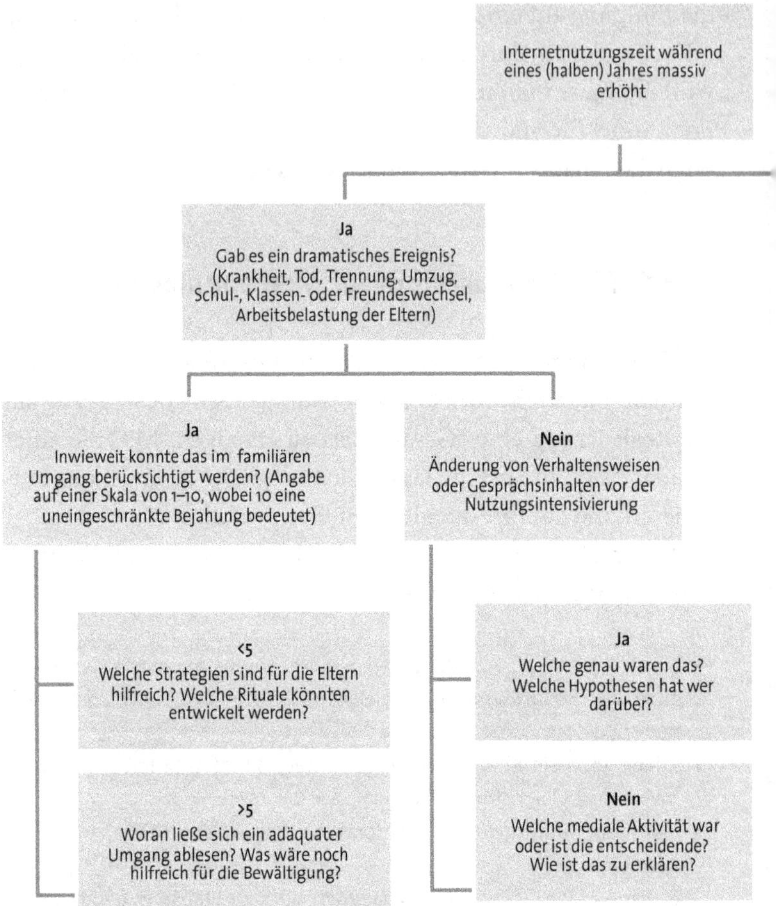

[X steht als Platzhalter für Familienmitglieder, Freunde, Lehrer, Therapeuten; Y steht als Platzhalter für konkrete (Entwicklungs-)Aufgaben.][2]

Abb. 2: Struktogramm zur Mediennutzung

Wenn Sie die Fragen zum gegenwärtigen Zeitpunkt überwiegend mit »ja« beantwortet haben, gehen Sie gedanklich zurück an die Anfänge Ihrer Familie und Ihrer Partnerschaft.

2 Eine Vorlage für dieses Struktogramm zum Downloaden finden Sie auf der Seite http://www.carl-auer.de/machbar/familie_entspannter_umgang_mit_digitalen_medien.

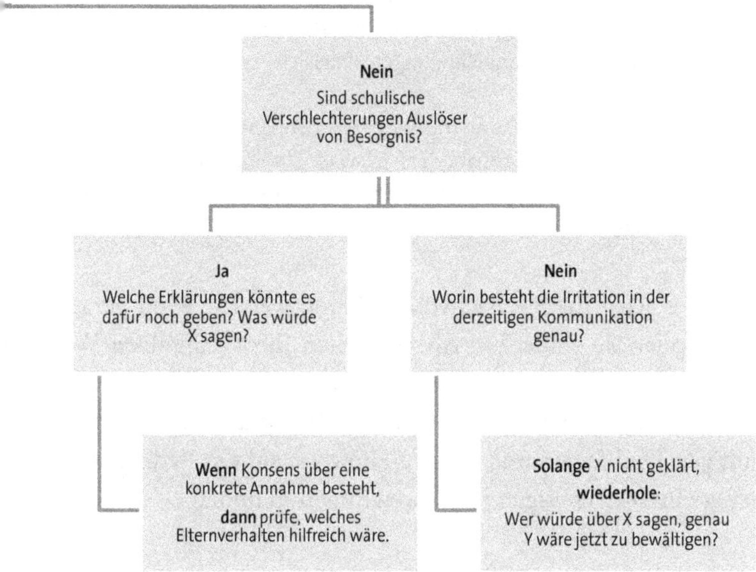

- Wie haben ich und mein Partner unsere beruflichen Entwicklungen erlebt?
- Welche Herausforderungen haben wir gemeistert (Berufsfindung, Arbeitsstress, Arbeitsplatzwechsel, Entfernung von unseren Eltern etc.)?
- Welche Werte und Prinzipien waren uns bei der Gründung unserer Familie wichtig?
- Auf welche Weise und mit welcher Intensität pflege ich meinen Freundeskreis?
- Wie sehr freue ich mich auf die Begegnungen mit Mutter und Vater oder anderen Verwandten?

- Auf welche Weise gelingt es mir, meine Stimmung aufzuhellen?
- Was tue ich, wenn ich mich gestresst fühle?
- Welche Momente erlebe ich während der Arbeit oder in der Freizeit als beglückend?
- Wie begann unsere Liebesgeschichte?
- Welche Erfahrungen habe ich mit Krankheit und Tod?
- Unter welchen Rahmenbedingungen habe ich meine Kindheit verbracht?
- Wie habe ich die Beziehung meiner Eltern zueinander erlebt?
- Welche familiäre Atmosphäre habe ich wahrgenommen?
- Welche Wünsche, Träume, Hoffnungen und Ziele waren damals von Bedeutung?

Mitunter wird für Sie nachvollziehbarer, was Ihr Kind gerade erlebt, oder Sie entdecken Ähnlichkeiten Ihres damaligen Verhaltens zum Verhalten Ihres Kindes jetzt.

Nun können Sie im folgenden Struktogramm dem aktuell gültigen Pfad folgen und weitere Hinweise auf das Bedingungsgefüge Ihrer derzeitigen familiären Situation finden.

6.7 Reframing – ein Umdeutungsspiel

Ein- und dieselbe Handlung oder Äußerung kann in unterschiedlichen zeitlichen und örtlichen Zusammenhängen einen völlig verschiedenen Sinn enthalten. Dazu ein Beispiel: Ein in sich versunkener Skirennfahrer geht vor dem Rennen im Aufenthaltsraum in Gedanken die Slalomstrecke mehrfach durch und erhöht dadurch seine Erfolgschancen. Würde er dieses am Abend zuvor in einer Gaststätte neben seiner Begleitung tun, könnte er auf seine Umgebung jedoch wie ein Sonderling mit autistischen Zügen wirken.

Für die Sinngebung ist die innere Perspektive – also die Sicht auf die Welt der Personen, die an einer Handlung beteiligt sind oder diese beobachten – maßgeblich. So könnte beispielsweise das permanente Anschauen von Dokumentationen als Zeichen eines überbordenden Interesses an der Welt interpretiert werden. Andererseits ließe es sich aufgrund der Vernachlässigung von realen Handlungen auch als Rückzug aus der Realität beschreiben. Ebenso entscheidend wie die Einstellung des Beobachtenden ist dabei der Ort, an welchem das Anschauen stattfindet: in einem Gefängnis, in dem nur sehr eingeschränkt Alternativen zu Verfügung stehen, oder in einem Umfeld, welches alle Optionen sportlicher, geistiger oder karitativer Aktivitäten bietet – etwa in einer gut situierten Wohnanlage, die über eigene Pferdeställe, Tischtennis- und Tennisanlagen sowie einen Quad-Parcours verfügt.

Beim Reframing wird dadurch eine neue Bedeutung erzielt, dass man den äußeren Rahmen gedanklich verändert und/oder die innere Perspektive modifiziert.

Als **Aufwärmübung** notieren alle Familienmitglieder auf einem Blatt jeweils drei Verhaltensweisen, Situationen oder Einstellungen, durch die sie sich schon lange und in besonderer Weise »genervt« fühlen. Die Themen sollten sich für diese Vorübung nicht auf die Familie beziehen. Im nächsten Schritt werden die Listen an den linken Nachbarn weitergegeben. Dieser versucht, jedes aufgeführte Ärgernis umzudeuten, sodass es als positiv und sinnvoll interpretiert werden kann.

Beispiele für die Umdeutung von Ärgernissen:

- *Hundekot auf Gehwegen:* Hundeliebhaber lassen uns an ihrer Freude über die Begleitung durch einen Vierbeiner teilhaben und regen uns zum Nachdenken darüber an, ob wir uns selbst einen Gefährten halten sollen.
- *Ironische Begrüßungen wie »Schlecht geschlafen?«:* Zeichen für Anteilnahme und Anbahnen der Möglichkeit eines privaten Gesprächs
- *Schlechter Fernseh- oder Kinofilm:* guter Anlass, um gemeinsam etwas zu tun und eine gemeinsame Position dazu zu finden

(etwas als schlecht zu bewerten ist oft einfacher, als positive Aspekte zu benennen), sowie die Anregung zum Nachdenken darüber, ob man auch etwas anderes gemeinsam tun könnte.

Im Anschluss an diese Übung beziehen Sie drei Verhaltensweisen, Situationen oder Einstellungen auf familiäre Ärgernisse.

Beispiele für die Umdeutung familiärer Ärgernisse:

- *X erfüllt seine Haushaltspflichten nicht:* X wägt genau ab, was ihm wichtig erscheint, und lässt sich nicht für andere Auffassungen »einspannen«.
- *Y hat nie wirklich Zeit für mich:* Y überlässt es mir, die Initiative zu ergreifen, und möchte mich animieren, die Zeit einzufordern.
- *Z provoziert mich ständig:* Z ist mutig und angriffslustig und versucht, meine Einstellungen infrage zu stellen, um neue Perspektiven zu diskutieren.
- *K ist oft launisch:* K ist sensibel, sehr emotional und mitfühlend.
- *L zieht sich permanent zurück:* L sucht momentan nach eigenen Wegen, beobachtet aus der Distanz und verschafft sich Abstand.

Im nächsten Level des Reframingspiels werden 3 bis 6 Ärgernisse (je nach Vereinbarung) im Zusammenhang mit dem Computerspielen, übermäßigem Chatten oder anderen Internetaktivitäten gesammelt und notiert.

Nach dem anschließenden Reframing könnten Sie gemeinsam überlegen: Welche ist die treffendste, coolste, abgefahrenste oder hilfreichste Umdeutung?

Darüber hinaus lassen sich mit dem gleichem Engagement 3 bis 6 erfreuliche Aspekte im Zusammenhang mit Computerspielen, übermäßigem Chatten oder anderen Internetaktivitäten umdeuten.

Beispiel für die Umdeutung einer erfreulichen Verhaltensweise ins Negative:

- *X beschäftigt sich intensiv, begeistert und kompetenzerweiternd mit der optimalen Hardwarekonfiguration seines Rechners:* Da X für das nächste halbe Jahr weder auf Geschenke noch auf finanzielle Zuwendung hoffen kann, ist dieses überflüssig – in einem halben Jahr ist die jetzige Technik veraltet; X sollte die Zeit besser mit mehr Bewegung verbringen.

Hierbei wird erfahrbar, dass auch ein Handeln, das auf den ersten Blick günstig oder sinnvoll erscheint, aus einer entsprechenden Perspektive durchaus ungünstige Aspekte enthalten kann.

6.8 Das Hypothesenpokerspiel

Wir bilden ständig Hypothesen – über uns selbst, unsere Mitmenschen, unsere Beziehungen und darüber, wie die Welt funktioniert. Jede Geste, jedes Wort eines anderen bestätigt oder verstört eine bestehende Hypothese. Manchmal entwickeln wir dann eine neue Theorie.

Jede Situation wird interpretiert und in die jeweils vorherrschenden Hypothesen integriert. Dabei sind weniger die von einem Außenstehenden beobachtbaren Interaktionen und Abläufe entscheidend, als vielmehr die jeweils inneren, mitunter unbewussten Prozesse – ähnlich wie das Bild, das in unserem Kopf von unserer Umwelt erzeugt wird, nur zu 15 Prozent von der reinen Projektion auf der Netzhaut abhängt.

Für die visuelle Wahrnehmung sind vielmehr noch andere Faktoren verantwortlich wie die Art und Verteilung der Sinnesrezeptoren für das Sehen, die konkrete Form und der Ort der Sehdatenverarbeitung im Gehirn, der Vergleich mit ähnlichen Sinneseindrücken, das konkrete Einspielen von Erinnerungsbildern, das Verknüpfen mit erinnerten Gedanken und Emotionen sowie eine Reihe weiterer psychischer Prozesse.

Gerade bei der innerfamiliären Kommunikation werden aufgrund der mitunter vollständig verschiedenen Perspektiven völlig unterschiedliche Hypothesen befeuert.

In einer Familie mit einem 13-jährigen Mädchen ließe sich beispielsweise Folgendes beobachten: Innerhalb weniger Wochen intensiviert das Mädchen seine Onlinekommunikation von anfänglich einer Stunde auf vier Stunden täglich. Sie hat erstmalig in ihrem Leben das Gefühl, in eine außerfamiliäre Gemeinschaft integriert zu sein. Sie erlebt sich autonom und anerkannt – und empfindet dadurch intensives Glück, Freude und innere Gelassenheit. Ihre Hypothese könnte lauten: *Im Moment ist nichts besser, als ständig zu chatten.*

Die Mutter dieses Mädchens beobachtet anfänglich ein mentales Aufblühen der Tochter (Hypothese: *Das Internet tut ihr gut*), welches jedoch schnell von einem sich verstärkenden Rückzug aus dem gemeinsamen Familienalltag begleitet wird (Hypothese: *Viel Internet gefährdet die Familie*). Schon diese Eindrücke verschärfen die Konflikte zwischen Eltern und Kind. Bei ersten Anzeichen eines möglichen schulischen Leistungsabfalls wird die elterliche Hypothese über die Wirkung der mittlerweile exzessiven Internetnutzung negativ verstärkt: *Das permanente Chatten macht mein Kind dumm und aggressiv und wird ihm auf lange Sicht die Zukunftschancen verderben.*

Die genannten Hypothesen von Eltern und Kind sind unvereinbar und interpretieren doch dieselbe Situation. In Familien, in denen es gelungen ist, eine konstruktive Redekultur zu etablieren, könnte das gemeinsame Diskutieren über verschiedene denkbare Hypothesen eine Offenheit für andere Perspektiven erzeugen.

Eingebettet in ein entsprechendes Spiel gelingt dies allerdings sicher leichter und macht außerdem mehr Spaß.

Spielanleitung

Material:

Karten mit jeweils einem Begriff wie »spektakulär«, »absurd«, »begründbar«, »komplex«, »einfach« o. Ä.
A5-Blätter und Stifte für jeden Mitspieler

Spielablauf:

Die Karten mit den Bewertungskriterien werden verdeckt in die Mitte des Tisches gelegt. Der reihum wechselnde Spielleiter denkt sich eine Situation oder einen Sachverhalt aus (z. B.: Die Mutter sitzt am Freitag von 17 bis 24 Uhr am Laptop) und deckt eine Kriteriumskarte auf. Jeder Mitspieler und der Spielleiter selbst notieren in Kurzform eine denkbare Hypothese, die das Kriterium möglichst gut erfüllt (Beispiele für Hypothesen beim Bewertungskriterium »Einfachheit«: *Die Mutter musste mit ihren fünf besten Freundinnen ausführlich das Wichtigste der Woche austauschen; die Mutter musste sich mit einem Browsergame entspannen; die Mutter hat nach einem passenden Outfit für den nächsten Tangoball gesucht).*

Gemeinsam entscheiden alle Mitspieler, welche Hypothese das Kriterium am besten erfüllt. Der Gewinner erhält einen Punkt (z. B. in Form einer Spielmünze oder einer Schokolinse). Für die nächste Runde fungiert der rechte Nachbar als Spielleiter.

Variante:

Um sich noch intensiver mit konkreten Hypothesen auseinanderzusetzen, könnte auch über die jeweiligen Gedankengänge der Beteiligten spekuliert werden. Ein entsprechendes Spiel funktioniert analog zu dem obigen:

Ein Sachverhalt wird vom Spielleiter beschrieben (zum Beispiel: Der Sohn zieht sich jeden Tag nach dem Unterricht für drei Stunden hinter seinen Rechner zurück; die Tochter schaut jeden Tag 20 Schminktippvideos; die Mutter bewertet täglich 200 Bilder von Internetfreunden).

Statt der bisherigen Karten mit Bewertungskriterien wird jetzt jedoch die konkrete Gedankenrichtung auf den Karten vorgegeben: »Erfahrungen in der Familie«, »Erfahrungen im Freundeskreis«, »befürchtete Entwicklung«, »erhoffte Entwicklung« und »konkrete Hypothese«.

Das auf den A5-Blättern Notierte bezieht sich jeweils auf die Gedankenwelt des Spielleiters, welcher für diese Runde seine Gedanken zur

Situation beschreibt. Er vergibt für die Nähe zu seinen Ideen entsprechend Punkte – für große Nähe: ebenso viele Punkte wie Mitspieler. Auf diese Weise erfahren die Spieler, wie gut sie sich gegenseitig einschätzen können bzw. von den anderen eingeschätzt werden.[3]

Kriteriumskarten (verdeckt in die Mitte des Tisches)

spektakulär	absurd
einfach	komplex
plausibel	unwahrscheinlich
....	....

Spielablauf

1. Der reihum wechselnde Spielleiter nennt eine Situation oder einen Sachverhalt.
2. Eine Kriteriumskarte wird aufgedeckt.
3. Jeder Mitspieler notiert eine Hypothese, die das Kriterium möglichst gut erfüllt.
4. Der Spieler mit der besten Erfüllung (gemeinsame Entscheidung) erhält einen Punkt.

Gewinnpunkte

Abb. 3: Hypothesenpoker – Spielmaterial und Kurzanleitung[4]

3 gekürzt aus: Systemische Interventionen bei Internetabhängigkeit (Scholz 2014)
4 Spielmaterial und Kurzanleitung zum Hypothesenpoker finden Sie als Download auf der Seite http://www.carl-auer.de/machbar/familie_entspannter_umgang_mit_digitalen_medien.

6.9 Spielen, spielen, spielen

Der Mensch ist ganz Mensch, wo er kreativ sein kann.

Monatlich erscheinen Dutzende neuer Internet- und Computerspiele. Die Fantasie der Erfinder digitaler Spiele scheint grenzenlos. Zwar handelt es sich zu einem großen Teil um die Neuinszenierung oder Kombination bekannter Spielprinzipien, aber irgendetwas ist immer anders oder neu.

Spielen ist natürlich etwas Wunderbares: Es führt an die Quellen der Entwicklung: Freiheit, Widerständigkeit, Unmittelbarkeit und Bezogenheit. Allerdings ist das für virtuelle Spiele nie umfassend erfüllt: Freiheit ist nur in den Grenzen des Spiels vorhanden; Widerständigkeit wird nur für den digitalen Raum entwickelt. Es handelt sich immer um mittelbare Erfahrungen – auch bei den demnächst zu erwartenden Ganzkörper-Controllern. Die Bezogenheit hat oft nur im Virtuellen Bestand. Exzessives Computerspielen dient auf Dauer meist nur dem Selbstzweck, Spaß zu haben, und nicht dem Zuwachs an Entwicklungs- und Lebenskompetenz. Die Persönlichkeitsentwicklung stagniert.

Für viele Nutzer ist das Ausleben kreativer Impulse wichtig – vor allem, wenn dies ansonsten kaum möglich scheint. Diese Impulse lassen sich auch in einem destruktiven Sinn ausleben (Eltern und Pädagogen reagieren darauf oft entsetzt): Die Faszination der dunklen Gestalten in Onlinespielen ist besonders hoch, auf den Spielplattformen werten sich die Spieler gegenseitig (spielerisch) ab und selbst Cybermobbing wird von den Akteuren selbst vielfach als (kreatives) Spiel empfunden.

Forschungsauftrag 1: Spielintentionen

- Wie lässt sich herausfinden, ob ein Spiel nur dem Selbstzweck dient?
- Welchen Sinn könnte das Spielen für meine Tochter oder meinen Sohn haben?
- Kann mein Kind während des Spielens oder Agierens im Internet kreativ sein?
- Welchen Sinn könnte es für mich selbst haben – beispielsweise als Hinweis, dass zu wenig Spiel, Freude und unbeschwerter Spaß in meinem Leben stattfinden?
- Welche Bedürfnisse werden durch das Spielen gestillt?
- Wofür könnte es gut sein, weniger zu spielen?
- Was sollte stattdessen mehr geschehen?

Früh gelernte Impulskontrolle, Geduld, Selbstdisziplin und Frustrationstoleranz helfen, den Verlockungen dauerhaften Spielens zu widerstehen. Diese Eigenschaften führen laut Studien zu besserer Ausbildung, anspruchsvolleren Berufen, höherem Einkommen, mehr Freunden, stabileren Partnerschaften und besserer Gesundheit. Wer wollte das seinen Kindern nicht gönnen?

Den Nutzen von Disziplin und Selbstdisziplin müssen Kinder allerdings selbst erfahren. Sie müssen die beglückende Erfahrung machen, nicht jedem Impuls gefolgt zu sein. Durch geduldiges Bei-der-Sache-Bleiben kann die Freude am eigenen Entdecken und Gestalten immer wieder erlebt werden.

Forschungsauftrag 2: Spielkreationen

Es gibt unzählige großartige Computerspiele, Brettspiele, Kartenspiele, Bewegungsspiele, Denkspiele, Sportspiele usw. Und doch sind die selbst kreierten oder modifizierten Spiele für eine Weile die besten. Als Kind haben Sie sicher auch das eine oder andere Spiel mit Freunden gespielt, das so in keinem Spielebuch steht. Wie ging das noch? Und wie haben Sie es erfunden?

Ein möglicher Weg für die Kreation eines Spiels:

1) Spielumgebung festlegen – Wiese, Wald, Hof, Wohnung, Tisch etc.
2) Spielart festlegen – Abenteuer, Bewegung, Denken, Geschicklichkeit, Rätsel, Konstruktion, Strategie, Glück etc.
3) Welche Materialien stehen zur Verfügung?
4) Welche Dinge in der Umgebung bekommen eine andere Bedeutung oder Funktion?
5) Wird ein Spielfeld benötigt? Welche Elemente soll es enthalten?
6) Welches Ziel soll erreicht werden?
7) Welche Mitspieler spielen miteinander, welche gegeneinander?
8) Welche Vorbereitungen sind noch zu treffen?

Forschungsauftrag 3: Spieltests

Im Freien ist die Art der Spiele durch die Gegebenheiten bestimmt: Balancierspiele, Wurf- und Fangspiele, Kletter-, Rangel- oder Versteckspiele.

Auf Reisen oder innerhalb von Räumen mit eingeschränkter Bewegungsfreiheit können Denk- oder Aufmerksamkeitsspiele ein wunderbarer Zeitvertreib sein.

Hier einige Anregungen:

1) Ein Aufmerksamkeitsspiel: Jeder Mitspieler merkt sich für eine Minute alle möglichen Dinge seiner Umgebung und/oder Beobachtungen aller Art. Anschließend notiert jeder in zwei Minuten, was er sich gemerkt hat. Dann werden die Listen ausgetauscht und Stichpunkt für Stichpunkt reihum wechselnd verlesen. Für jeden gültigen Stichpunkt erhält der Mitspieler einen Punkt.
2) Kombinationsspiele: Fußball auf dem Tennisplatz – nach Ihren Regeln, Frisbee über ein Volleyballnetz, Jump-and-

run-Spiele (Computerspiele, bei denen man hauptsächlich springt und läuft und dabei Hindernisse überwindet) in der freien Natur mit einem natürlichen oder inszenierten Parcours

3) Das »Was-wäre-wenn-Spiel«:

A. Nehmen Sie gedanklich eine (kleine) Veränderung der Realität vor.

Beispiele: Was wäre,

- wenn wir fliegen könnten?
- wenn es jeden Tag eine Sonnenfinsternis gäbe?
- wenn wir uns durch Zellteilung fortpflanzen würden?
- wenn wir auf einem Mond des Jupiters leben würden?
- wenn wir ein Auge statt zweien hätten?
- wenn wir uns nur von Kohlendioxid und Sonnenlicht ernähren würden?
- wenn wir mit Riesenspinnenbeinen schneller als jedes Auto wären?
- wenn es kein Geld gäbe?
- wenn wir keinen Partner bräuchten, um uns fortzupflanzen?
- wenn wir uns nur durch Gedankenübertragung verständigen würden?
- wenn wir alles Gesagte so verstehen würden, wie es gemeint ist?
- wenn es Angst/Wut/Hass nicht gäbe?
- wenn es keine Liebe/Freude/kein Glück gäbe?
- wenn Berührungen nicht an der Haut enden würden?
- wenn wir immer davon ausgingen, dass alles Getane gut gemeint ist?

B. Jeder Spieler überlegt, welche Konsequenzen das für wen über welchen Zeitraum hätte. Dazu können kleine Kärtchen, auf denen ein entsprechender Aspekt vermerkt ist, vorbereitet werden.

- Was würde das für mich/meine Freunde/Familie/die Welt bedeuten?
- Was wäre anders gegenüber heute (besser, blöder, anstrengender, leichter)?
- Was würde ich unter den Umständen ausprobieren?
- Was wäre nicht mehr möglich?
- Was davon würde ich mir ein bisschen wünschen?
- Was davon wäre auch in der jetzigen Realität durchaus denkbar? Was müsste ich dafür ändern?

Im Spiel können wir einen Ausgleich zu den produktiven Phasen unseres Lebens spüren. Während wir spielen, müssen wir nichts schaffen – wir dürfen einfach nur sein.

»Wir sind hier, um Freude zu haben und zu spielen – das ganze Leben hindurch. Spielen ist nicht nur Zeitvertreib für Kinder. Es ist unsere Lebenskraft. Spielen erhält uns im Herzen jung, gibt uns Motivation für unsere Arbeit und hilft uns in unseren Beziehungen.« (Kübler-Ross 2003, S. 177)

Also spielen Sie, sooft Sie können – mal virtuell und mindestens genauso häufig mit möglichst vielen haptischen Komponenten.

6.10 Heldentraining

Hinweis: In vollem Umfang ist dieses Training für Kinder von bis zu etwa 11 Jahren geeignet. Für ältere Kinder können aber immer noch einzelne Elemente genutzt werden.

Wer hat als Junge nicht ab und an davon geträumt, ein Held zu sein, Taten zu vollbringen, die anderen nicht gelingen, verehrt und gefeiert zu werden? Welches Mädchen wollte nicht manchmal hofiert werden und im Mittelpunkt stehen – umschwärmt, von allen geachtet und geliebt, oder auch für seine Heldenhaftigkeit bewundert?

Und durch wen lassen sich Helden ausbilden? Natürlich durch Helden. Also sollten Sie als Eltern Ihre heldenhaften Seiten noch einmal ganz bewusst in den Fokus stellen.

Heldenhafte Eigenschaften sind beispielsweise auch Ehrlichkeit und Aufrichtigkeit. Es ist viel heroischer, Gefühle wie Furcht, Angst, Wut, Neid oder Traurigkeit zuzugeben, als sie permanent zu leugnen. Helden vertreten klare Standpunkte, ohne bei überzeugenden Gegenargumenten darauf zu beharren. Am Handeln von Helden kann man sich orientieren. Bei Konflikten versuchen sie, ruhig und bei sich zu bleiben und ihre Kräfte zu sammeln. Und sie können sich ändern, wenn es notwendig ist.

Stufe 1: Heldenhafte Eltern

Heldentrainer sind sich bewusst, dass unser Denken und unsere Sprache uns selbst sowie unser Umfeld prägen. Jeder schöne und helle Gedanke lässt das Leben leichter werden. Dunkle Gedanken beschweren es. Die Art, wie liebevoll wir zu jemandem sprechen, prägt die Beziehung zu ihm.

> Versuchen Sie, Ihrem Kind gegenüber möglichst oft liebevoll und bestimmt zu sein.

Den Mut aufzubringen, dass man den eigenen »feigen« Anteil an einer ungünstig getroffenen Entscheidung oder der Entstehung eines Konflikts eingesteht, hat oft etwas – zumindest nachträglich – Heldenhaftes.

Daneben ist es jedoch ebenso notwendig, ohne falsche Bescheidenheit die eigenen Heldentaten zu benennen. Gerade in schwierigen Situationen, die Mut und Vertrauen in die eigenen Kräfte erfordern, sollte man sich seiner inneren (und äußeren) Ressourcen bewusst sein. Um die Heldenhaftigkeit abzuschätzen, zählen letztlich die Größe des aufgebrachten Mutes und die ganz individuelle Höhe der zu überwindenden Hindernisse. So kann ein- und dieselbe Handlung für den einen eine Heldentat, für den anderen ganz alltäglich sein. Große Heldentaten sollten Sie ausführlich beschreiben – mit möglichst saftiger Schilderung von Schweiß und (mentalem) Blut.

Hilfreiche Fragen:

- Welches Wagnis habe ich als Mutter bzw. Vater unternommen, vor dem mein Kind besonderen Respekt haben sollte? Welche besonderen Kräfte oder Fähigkeiten haben sich dadurch gezeigt oder entwickelt?
- Bei welchen Entscheidungen haben die wichtigen Seiten der Vorsicht und des Zögerns das Handeln bestimmt? Wofür könnte die getroffene Entscheidung gut gewesen sein?
- Welche Taten würde ich als Heldentaten bezeichnen? Was genau ist das Heldenhafte daran? Welche Gemeinsamkeiten haben Heldentaten?
- Wer würde welche meiner Taten als Heldentaten bezeichnen?
- Wer würde mir welche Heldentat zutrauen?
- Welche Heldentaten traue ich mir selbst zu? Was wäre ein möglicher Gewinn? Was wäre ein möglicher Preis?
- Welche Heldentat werde ich in meinem Leben auf jeden Fall vollbringen? Warum gerade diese? Für wen wäre das (außer für mich selbst) ein besonderer Gewinn?

Mit dieser kleinen Dokumentationshilfe können Sie verschiedene Situationen allein oder mit der Familie auf Heldenhaftigkeit und Erhabenheit untersuchen[5]:

5 Den Dokumentationsbogen finden Sie als Download auf der Seite http://www.carl-auer.de/machbar/familie_entspannter_umgang_mit_digitalen_medien.

Situation (kurze Beschreibung):

	Wer?	Was?	Warum?
heldenhafte Gedanken			
heldenhaftes Handeln			
feige Gedanken			
feiges Handeln			

Alternative Entwicklung:
Was wäre geschehen, wenn der Feigling als Held gehandelt hätte? ....

....

Was wäre geschehen, wenn der Held als Feigling gehandelt hätte? ....

....

Stufe 2: Grundvereinbarung

Je nachdem, in welchem Alter Sie mit dem Heldentraining beginnen (nach dem 11. Lebensjahr wäre eine andere Bezeichnung wahrscheinlich angemessener) und wie intensiv sich Ihr Kind den digitalen Medien zuwendet, sollten Sie ein paar grundlegende Dinge vereinbaren:

1) Ausreichend langer, tiefer und erholsamer Schlaf muss in 6 von 7 Wochentagen möglich sein (die Empfehlung dazu lautet: Vorschüler ca. 11 Stunden oder mehr, Grundschüler ca. 10 Stunden, danach etwas weniger).
2) Im Durchschnitt sollte sich Ihr Kind mindestens 2 Stunden pro Tag an der frischen Luft bewegen (kleinere Kinder eher mehr).

3) Wenigstens zweimal pro Woche sollte der künftige Held sein körperliches Leistungsvermögen ausreizen können (Sportspiele, Laufen, Radfahren, Kräftigungsübungen etc.).

Die angegebenen Zeiten sind nur Orientierungswerte. Manche Kinder brauchen mehr Schlaf oder Bewegung, um sich wohlzufühlen, andere weniger. Als Trainer ist es also Ihre Aufgabe, das zu beobachten und zu berücksichtigen.

Wenn Ihr Kind nicht gerade einer starken seelischen Belastung standhalten muss, sollte eine gute körperliche Verfassung zu einer positiven Stimmung führen. Mit dem kleinen Wochenplan unten lässt sich der Zusammenhang verdeutlichen.[6] Bei den Einschätzungen bedeutet 1 »wenig« bzw. »weniger gut« und 10 »nahezu optimal«. In die Stimmungseinschätzung können Sie Ihr Kind natürlich einbeziehen. Es könnte auf einer Stimmungsuhr seine überwiegende Tagesstimmung am Abend angeben, oder Sie sprechen kurz darüber.

	Einschätzung 1–10			**Einschätzung 1–10**
Schlaf			Stimmung am Wochenanfang	
Bewegung			Stimmung in der Wochenmitte	
Auspowern			Stimmung am Wochenende	
Summe			**Summe**	

Wenn die beiden Summenwerte Woche für Woche gleich weit vom Optimalwert 30 entfernt sind, liegt die Vermutung eines kausalen Zusammenhangs nahe. Experimentieren Sie mit Dauer und Intensität der Komponenten Schlaf, Bewegung und Auspowern.

6 Eine Vorlage finden Sie als Download auf der Seite http://www.carl-auer.de/machbar/familie_entspannter_umgang_mit_digitalen_medien

Damit wären die wesentlichen Voraussetzungen für ein erfolgreiches Training geschaffen. (Die Bedeutung von angemessener Nahrung, ausreichend Wasser und dem Erfüllen des kindlichen Schutzbedürfnisses muss an dieser Stelle nicht näher ausgeführt werden.)

Stufe 3: Ermutigung

Helden brauchen als Erstes Mut. Ihren Trainern muss es also gelingen, sie immer wieder zu ermutigen. Das klingt einfacher, als es ist, denn es geht nicht um ein aufgesetztes »Das hast du aber toll gemacht!«.

Wenn Eltern lernen wollen, wie sie es vermeiden können, ihr Kind zu entmutigen, müssen sie sich mit ihrer eigenen Scham auseinandersetzen. Wenn wir verstehen, wann wir uns beschämt fühlen, können wir besser darauf achten, wann wir unsererseits andere beschämen. Ohne es zu wollen, geschieht dies oft aus zwei Gründen:

1) Stress: Befindet sich unser Organismus im (dysfunktionalen) Stresszustand, richtet er sich auf eine einzige Option ein: Überleben. Wir fühlen uns an die Wand gedrängt und wehren alles ab, was uns fordern könnte. Dabei achten wir wenig darauf, was wir sagen oder tun.
2) Unbedachtheit: Wir machen uns einfach keine Gedanken darüber, was beim anderen durch unsere Worte oder Taten ausgelöst werden könnte.

Berechtigte Scham kann ein hilfreiches Gefühl sein. Es dient dazu, unseren intimen oder persönlichen Raum zu schützen. Es löst Ärger in uns aus und weist uns damit auf eine nötige Veränderung hin. Wird Beschämung als ungerechtfertigt oder zu häufig erlebt, erzeugt sie meist Wut – als Ausdruck für vernachlässigte Bedürfnisse (nach Entscheidungsfreiheit, Verständnis, Zugehörigkeit, Bedeutung, Harmonie, Sinn, Geborgenheit, Spaß, Vertrauen, Akzeptanz …).

Trainerübung

- Welche beschämende Situation habe ich selbst schon erlebt?
- Wodurch wurde mein Schamgefühl ausgelöst?
- Welches Bedürfnis wurde dabei innerlich angesprochen?
- Wurde ich ärgerlich oder wütend? Warum?
- Wie hat sich mein Erleben auf meine Beziehung zu demjenigen ausgewirkt, der mich bloßgestellt hat?
- Wie würde ich mir meine Beziehung wünschen?

Während der Phasen des Heldentrainings sollte sichergestellt sein, dass (möglichst) keine Beschämung stattfindet. In einer Phase des familiären Lebens haben dies alle schon erlebt: beim Laufenlernen. Hierbei haben alle den Lernenden immer ermutigt. Nie hieß es: »Sieh mal, wie ich das mache – nun stell dich nicht so blöd an.« Im Gegenteil: Wir begeben uns auf die Höhe des Kindes – ermutigen es ständig und warten geduldig, bis es hundertmal hingefallen und wieder aufgestanden ist. Wir lassen es seine eigene Balance, seinen eigenen Gang finden. Und wir motivieren es durch ein Ziel (»Komm zu Mama!«), statt zu erklären oder zu kritisieren.

Testaufgabe

Wählen Sie eine altersangemessene (kleinere) Aufgabe, um zu testen, ob Ihr Kind für das Training schon bereit ist. Das könnte der Brötchenkauf am Samstagmorgen, das Vor- oder Zubereiten eines Frühstücks oder Abendbrots, ein Familieneinkauf, die Planung eines Ausflugs oder etwas ganz anderes sein.

Umgang mit den Ergebnissen

1) Wenn eine Aufgabe im Rahmen des Trainings bewältigt wurde, schauen Sie sich das Ergebnis in Ruhe an.
2) Betrachten Sie alles, was gut gelungen ist, und benennen Sie es.

3) Überlegen Sie gemeinsam, wie der Lösungsweg möglicherweise noch leichter, lustiger, sicherer oder effektiver gestaltbar wäre.
4) Fragen Sie Ihr Kind, was es sich selbst für ein nächstes Mal von sich und/oder anderen wünschen würde.
5) Formulieren Sie einen eigenen Wunsch für Ihr Kind und begründen Sie diesen.

Beispiel: Ergebnisse eines Familieneinkaufs

- Einige Dinge auf der Einkaufsliste fehlen.
- Die Mengen der Lebensmittel stimmen nur zur Hälfte.
- Die Wahl der einzelnen Lebensmittel war beliebig (meist war es das teurere Produkt).
- Zusätzlich wurden ein paar Süßigkeiten gekauft.

Würdigen Sie den Mut, dass Ihr Kind allein gegangen ist. Ihr Kind hat es geschafft, den Einkauf unbeschadet nach Hause zu bringen. Zeigen Sie sich darüber erfreut, dass Sie vieles vom Einkaufszettel jetzt im Haus haben und das vollständige Restgeld vorfinden. Stellen Sie sich nun gemeinsam vor, welche leckeren Speisen demnächst auf den Tisch kommen.

Beschreiben Sie kurz, wofür Sie die diesmal nicht mitgebrachten Dinge gebraucht hätten. Lassen Sie sich erklären, warum diese nicht dabei sind (vielleicht hat Ihr Kind sie auf der Liste überlesen oder sie im Laden nicht gefunden). Überlegen Sie gemeinsam, wie die Trefferquote beim nächsten Mal erhöht werden könnte. Müsste der Einkaufszettel übersichtlicher geschrieben werden? Sollte man vorher besprechen, wo bestimmte Lebensmittel zu finden sind? Worauf sollte bei der Wahl der Lebensmittel geachtet werden? Was soll mit den Süßigkeiten geschehen (z. B. für den nächsten Spieleabend zurücklegen)?

Abschließend formulieren Sie einen Wunsch:

> »Ich wünsche dir, dass du dich traust, eine Verkäuferin zu fragen, wenn du etwas nicht findest.«

Stufe 4: Ziele

Nun ist zu klären, *wozu* sich die jungen Helden ausbilden lassen. Als Eltern können Sie die Überzeugung äußern, dass in Ihrem Kind ein wahrer Held steckt. Und dass Sie ihm wünschen, seine Kräfte und Fähigkeiten entfalten zu können. Dieses Training soll das unterstützen.

Meine Ziele als Held

- Welche Eigenschaften oder Fähigkeiten sind für mein Kind heldenhaft?
- Was würde die beste Freundin, der beste Freund sagen, wovon schon etwas vorhanden ist?
- Welche Eigenschaften würde mein Kind außerdem gern besitzen?
- Wofür wäre es gut, über diese Eigenschaften oder Fähigkeiten zu verfügen? Wie können sie trainiert werden?

(Beispiele: Mut, Stärke, Schönheit, Beliebtheit, Freundlichkeit, Zuverlässigkeit, Kreativität, Ehrlichkeit, Fürsorge, Ausgeglichenheit …)

Meine Ziele als Heldentrainer

- Welche heldenhaften Eigenschaften und Fähigkeiten besitzt mein Kind?
- Wie ist es mir gelungen, diese in meinem Kind wachsen zu lassen?
- Was wünsche ich mir zurzeit für mein Kind besonders?
- Was wünsche ich mir darüber hinaus noch für meine Tochter oder meinen Sohn?
- Welche Eigenschaft oder Fähigkeit soll jetzt als erste weiterentwickelt werden?

Listen Sie nun gemeinsam alle Interessen auf, die Ihr Kind zurzeit verfolgt oder früher verfolgt hat:

- Bei welchen Tätigkeiten spielt die oben genannte Eigenschaft oder Fähigkeit, die zuerst weiterentwickelt werden soll, eine Rolle?
- Wie können wir als Eltern diese Tätigkeit unterstützen?
- Welche Vereinbarung treffen wir für die nächste Woche in Bezug auf unsere Unterstützung und die Aktivitäten unseres Kindes?

Wiederholen Sie dieses Verfahren für zwei weitere Eigenschaften oder Fähigkeiten.

Nun sind Sie mittendrin im Heldentraining. Es wird Zeit, an die Feier zu denken, die nach dem erfolgreich absolvierten Training stattfinden soll. Planen Sie die Heldenfeier gemeinsam und so groß wie möglich.

1) Wo soll die Feier stattfinden?
2) Wer wird eingeladen?
3) Was wird es zu essen geben?
4) Welche Musik soll gespielt werden?
5) Auf welche Weise könnte deutlich werden, über welche neue Fähigkeit die oder der Gefeierte jetzt verfügt (z. B. durch aufmerksames Umsorgen der Gäste, durch etwas selbst Gekochtes, Anleitung eines Spiels, Verantwortung für ein abendliches Lagerfeuer)?
6) Was sollte an diesem Tag noch geschehen?

Stufe 5: Herausforderungen (Zwei plus Eins)

Nun können Sie zu den eigentlichen edelmütigen und heldenhaften Herausforderungen übergehen.

Zunächst erstellen Sie gemeinsam eine Liste mit all den interessanten, wunderbaren, stärkenden und bereichernden Dingen, die Sie Ihrem Sohn oder Ihrer Tochter in den kommenden drei Monaten ermöglichen werden. Diese sollen nach Möglichkeit ebenfalls die bisher formulierten Ziele unterstützen. Hier ist also wieder Ihre Edelmüdigkeit und Heldenhaftigkeit gefragt. Eine solche Aktion könnte z. B. das Erklimmen eines Berges sein oder das Schwimmen in einem unbekannten Fluss, das gemeinsame Erlernen eines Instruments, das Übernachten in freier Natur mit abendlichem Lagerfeuer, eine kleine Shoppingtour in der nächstgelegenen Großstadt, der Bau einer Seifenkiste, das Erlernen (oder Vertiefen) der Lieblingssportart, regelmäßiges Gokart-Fahren, Eisessen beim Lieblingsitaliener, der Besuch eines Bundesligaspiels oder eines Konzerts, das Einrichten einer Puppenstube oder eines Kaufmannsladens, das regelmäßige gemeinsame Computerspielen, der Bau eines Floßes, einer Flöte, eines Bogens oder eines Baumhauses …

Anschließend verständigen Sie sich über **zwei** Aufgaben, die für die nächsten 3 Wochen regelmäßig erfüllt werden sollen. Gelingende Verantwortungsübernahme stärkt Vertrauen und Wertschätzung.

Zu Trainingszwecken sollten Sie zu Beginn überschaubare Aufgaben wählen, bei denen die Erfolgskriterien klar erkennbar sind. Sie sollten den Interessen des Kindes oder Jugendlichen entgegenkommen und ein hohes Erfolgspotenzial aufweisen. Für den handwerklich Interessierten wäre beispielsweise eine kleine Reparatur im Haus oder der Bau eines einfachen Vogelhäuschens denkbar; für einen Kreativen die Umdekoration eines bestimmten Bereichs im oder am Haus; für einen Naturverbundenen das Einsäen oder Ernten von Pflanzen. Es könnte auch die regelmäßige Organisation von Familienspieleabenden, die Vorbereitung von Ausflügen, regelmäßiges Kochen oder Backen, gegenseitiges Massieren, das Anleiten eines Familiensportprogramms oder die (demokratische) Gestaltung von (Fernseh-)Filmabenden betreffen oder darin bestehen, dass ein Plan für die Regeln zur Mediennutzung ausgearbeitet wird.

Die gemeinsame Durchführung von Achtsamkeits- oder Entspannungsübungen kann als weitere Herausforderung gelten (siehe Kapitel 6.3) oder das Training begleiten. Der angehende Held entscheidet mit und kann sich bei Bedarf ideelle oder körperliche Unterstützung einfordern. Das Erfüllen eines Auftrags sollte eine plausible Bedeutung haben und nicht primär der Beschäftigung oder dem Fernhalten vom Computer dienen.

Wenn Sie den Umgang mit digitalen Medien selbst thematisieren wollen, können Sie gemeinsam testen, worin die größere Herausforderung besteht: drei Stunden intensiv mit Smartphone, Tablet oder PC arbeiten oder drei Stunden vollständig darauf verzichten. Das Ergebnis kann dann zur Formulierung einer weiteren Aufgabe führen.

Zusätzlich zu diesen zwei Aufträgen kommt nun noch eine eher unbeliebte Aufgabe aus dem Bereich von Dingen hinzu, die zum Wohlfühlen einfach erforderlich sind: z. B. Müll entsorgen, Spülmaschine ausräumen, Zimmer aufräumen, Hausflur wischen, Straße fegen etc. (Helden müssen auch doofe Aufgabe erledigen können).

Bei der Entscheidung über die zeitliche Gestaltung der Etappen sollte der Trainierende möglichst viel Spielraum haben. Gleichzeitig sollten die Bewertungskriterien klar sein: also der konkrete Umfang der Aufgabe und zu welchem Zeitpunkt sie erledigt sein soll. Wenn Sie kleine Wettkampfelemente integrieren, erhöhen Sie den Spaßfaktor:

- Wer räumt die Spülmaschine am schnellsten aus, ohne etwas zu zerbrechen?
- Wer hat das ordentlichste Zimmer?
- Wer pflegt den Hausflur am effektivsten? Und so weiter …

Nach drei Wochen wird Bilanz gezogen. Für jede Woche, in der sämtliche Aufgaben zur Zufriedenheit aller Familienmitglieder erfüllt wurden, gibt es 3 Halbedelsteine (über das Internet, auf Wochenmärkten oder in Esoterikläden erhältlich), bei Nachbesserungswünschen entsprechend weniger, wobei man dem Heldentrainee drei Tage Zeit zur Nachbesserung einräumen sollte.

Stufe 6: Die kleine Heldentat

Im Familienrat entscheiden Sie, wann die letzte Stufe des Trainings beginnen kann. Die ersten Schritte auf dem Weg zu den vereinbarten Zielen sollten ohne größere oder dauerhafte Auseinandersetzungen erfolgreich hinter Ihnen liegen. Der Held hat mindestens 30 »Edelsteine« gesammelt.

Nun soll eine Heldentat gefunden werden, die über die innerfamiliären Belange hinausreicht und je nach Zutrauen und Engagement ein- bis dreimal im Monat vollbracht wird. Es geht also um eine kleine oder größere Selbstlosigkeit, die mit überschaubarer Anstrengung relativ leicht umsetzbar ist. In jedem Fall soll sie jedoch einer gewissen Überwindung bedürfen.

Es könnte die Lernhilfe für einen Klassenkameraden oder einen jüngeren Mitschüler sein, die Unterstützung älterer Nachbarn (Begleitung bei Spaziergängen, Einkaufen o. Ä.), die Versorgung eines kranken Bekannten, die Ausrichtung eines Spielnachmittags oder -abends mit Freunden. Ebenso wäre eine gemeinnützige Tätigkeit denkbar – vermittelt durch das Gemeindezentrum oder eine Begegnungsstätte. Bei kulturellen und sportlichen Events oder auch z. B. in der Flüchtlingshilfe werden regelmäßig freiwillige Helfer gesucht. Auch hierbei kann man sich heldenhaft einbringen.

Ähnlich edelmütig wäre es, zu einem als nicht so freundlich erlebten Menschen etwas Freundliches zu sagen oder ihm einen kleinen Gefallen zu tun.

Sie können auch einen kleinen Forschungsauftrag vergeben, um die Neugier auf die Welt zu stärken und die Wahrnehmung zu schärfen:

- Untersuche, woraus Erde besteht.
- Gibt es zwei genau gleiche Blätter im Wald?
- Entdecke eine dir unbekannte Käferart.
- Wie viele Ameisen leben in einem Hügel?

- Lade eine ältere Nachbarin zu einem Gespräch ein. Was rät sie dir, was du einmal erleben solltest?
- Welche Kraft kann ein Liter gefrierendes Wasser entwickeln?

Je nachdem, wie groß Sie die kleine Heldentat einschätzen, vergeben Sie ein bis drei zusätzliche Heldensteine.

Abschluss des Heldentrainings

Für die Entwicklung weiterer Eigenschaften oder Fähigkeiten gehen Sie erneut alle Stufen gemeinsam durch – nun quasi auf einem erhöhten Level. Sie und Ihr Kind kennen das Vorgehen, wissen, worauf zu achten ist, und finden relativ schnell zu den entscheidenden Vereinbarungen.

Das Heldentraining können Sie durch eine Abenteuerschatzkarte untermalen. Ihr Sohn setzt entsprechend der aktuellen Phase seine kleine Heldenfigur (eine Zinnfigur, einen Hartgummiritter o. Ä.) auf einen spiralförmig angelegten Heldenweg. Je nachdem, wie viele Runden für das Training notwendig sind, können Sie eine nach außen erweiterte Karte erstellen.[7]

Für Ihre Tochter können Sie eine magische Schatztruhe anfertigen: Kleiden Sie dafür einen Schuhkarton (noch besser: eine kleine Holzkiste) mit Seidenpapier oder Stoff aus. Je nach Heldinnenreifegrad werden zusätzlich zu den Edelsteinen verschiedene Accessoires hineingelegt: eine mystische Schwanenfeder, eine ozeanische Muschel, ein Stück Treibholz, ein magischer Schmeichelstein etc., zu dem Sie jeweils eine kurze (märchenhafte) Geschichte über Herkunft und Wirkung erzählen. Außerdem können Sie kleine Briefe in die Truhe legen, in denen Sie Mut und Engagement Ihrer Tochter würdigen.

Ihr Kind wird zum wahren Helden, wenn es 100 Edelsteine besitzt – als äußerliches Symbol dafür, dass die oben formu-

7 Siehe Online-Material auf http://www.carl-auer.de/machbar/familie_entspannter_umgang_mit_digitalen_medien.

lierten Ziele erfüllt wurden: Die Fähigkeiten sind gefestigt und wichtige Persönlichkeitseigenschaften weiterentwickelt.

Und jetzt feiern Sie! (Unter uns: Es ist natürlich vor allem eine Feier für Sie, denn Sie haben das Training erfolgreich organisiert und mit Ihrem Kind absolviert. Herzlichen Glückwunsch!)

Alle Stufen des Trainings lassen sich (bei Bedarf) wiederum durch Medien unterstützen. Nutzen Sie dabei die Kompetenzen Ihres medienaffinen Kindes. Erstellen Sie gemeinsam eine gut handhabbare Oberfläche für Smartphone, Tablet oder Laptop, mit der Sie alle wichtigen Beobachtungen, Ergebnisse und Erkenntnisse erfassen können. Eine besonders smarte Variante ist das Kreieren einer eigenen Helden-App, die alle oben beschriebenen Fragen und Funktionen enthält. Dafür gibt es bei einer Reihe von Anbietern für ein geringes Entgelt komfortable digitale Bausätze.

Log-out: Medienerziehung to go

Abschließend – quasi als Log-out – folgen hier ein paar zusammenfassende Statements. Sie fokussieren, verdichten oder ergänzen die Ausführungen im Buch. Sie dienen als Anhaltspunkte für den Umgang mit Medien in der Familie. Manche erschließen sich in ihrer Bedeutung erst nach der Lektüre dieses Buchs. Manche entfalten vielleicht gerade durch die Kürze eine nachhaltige Wirkung.

Gönnen Sie sich Zeit beim Lesen. Schauen Sie sich möglichst nur ein Statement pro Tag an. Diskutieren Sie es mit Ihrem Partner, mit Freunden oder Kollegen. Überlegen Sie, was aus Ihrer Erfahrung *für* die Aussage, was eher *dagegen* spricht.

Was könnte oder sollte sich ändern, wenn Sie davon ausgingen, dass die Aussage wahr wäre?

Wer sich für die Welt, sich selbst und vor allem die Menschen, denen er begegnet interessiert, ist interessant.

Die Stärkung des Selbstbewusstseins und die Verringerung der Ängstlichkeit ist die beste Prophylaxe in Bezug auf eine ungünstige Mediennutzung.

Das Gefühl, dass man seine Angst bewältigen kann, ist überaus bedeutsam. Wer sich in der Welt geborgen fühlt, besitzt Vertrauen in die Unterstützung durch andere und kann sein eigenes Selbstvertrauen entwickeln.

Je besser das Selbstgefühl der Erwachsenen ist, umso größer ist die Anregung für das Kind, mit sich selbst im Einklang zu sein (Juul 2012, S. 159).

Ein Mangel an emotionaler Sicherheit wird beispielsweise durch verstärkte Selbstbezogenheit kompensiert (Hüther 2013, S. 28).

Direkte Sinneserfahrungen im Kindesalter sind in der heutigen technisierten Welt eher noch wichtiger als früher, da die grundlegenden Erfahrungen von Körperlichkeit und Sinnlichkeit sowie die Kompetenzen zur Emotionssteuerung besonders gut im Entwicklungsraum Natur reifen können.

Körperliche Inaktivität ist Ursache oder Mitursache von etwa der Hälfte aller Krankheiten – regelmäßige Bewegung reguliert den Stoffwechsel, stärkt das Herz-Kreislauf-System, stabilisiert die Psyche, beugt Erkrankungen vor und erhöht das Wohlbefinden.

Für eine gesunde körperliche und seelische Entwicklung sind Verstehbarkeit (Erfolg und Anerkennung erleben), Sinnhaftigkeit (sein Tun als sinnvoll erleben) und Handhabbarkeit (sich zugehörig fühlen – zu Familie und Gleichaltrigen) von grundlegender Bedeutung.

Neugier, Experimentierlust und die Fähigkeit, Impulse und Emotionen zu regeln, lassen ein Leben bereichernder, erfolgreicher und sinnvoller werden.

Kinder verlernen, auf Eltern zu hören, wenn das Gesagte nicht wert ist, gehört zu werden, obwohl es vernünftig und wahr ist (Juul 2012, S. 98). Günstig wäre, vor einer Botschaft mental anzuklopfen und zu warten, bis das Kind bereit ist – um dann freundlich (warm, zuversichtlich, respektvoll) und persönlich zu verhandeln (möglichst kurz).

Eltern sollten sich verantwortlich für ihre eigenen Grenzen, Werte und Bedürfnisse zeigen. Auf diese Weise kann ein Kind lernen, das Gleiche zu tun.

Fehler bedeuten nicht, dass man schlecht ist, sondern dass man noch etwas dazulernen kann.

Vorsicht beim Strafen. Viele Studien zeigen: Je mehr in einer Familie gestraft wird, desto eher wird gelogen.

Kinder sehen bei ihrer Mediennutzung oft v. a. den Spaß. Sie treffen Gleichgesinnte, erfahren Belohnung und Anerkennung. Auf Dauer kann jedoch auch eine nachhaltige Leere entstehen. Wichtige Bedürfnisse können nicht vollständig ausgelebt werden: z. B. die Entdeckung weiterer Begabungen, Grenzerfahrungen und die Stärkung des Selbstvertrauens.

Hinweise auf eine ungünstige (mitunter süchtige) Entwicklung sind: ständige Übermüdung, Unkonzentriertheit, unsicheres Auftreten, Einschränkung der aktiven Hobbys, einsame Mahlzeiten vor einem Bildschirm, Kontrollverlust, schwindendes Interesse am Familiengeschehen, verringerter Kontakt zu Freunden und Bekannten, schwindendes Interesse an der Entwicklung eigener Fähigkeiten.

Je spannender und reichhaltiger das Leben ist, desto weniger verführen digitale Medien. Eine erfolgreiche Navigation im Virtuellen erfordert Orientierung und Regeln (wie bei allem gemeinschaftlichen Handeln) – als Bedingung für die Freiheit.

Regeln funktionieren nur auf der Grundlage funktionierender Beziehungen. Je älter die Kinder sind, umso mehr sollten sie in die Vereinbarungen der Regeln einbezogen werden.

Das eine oder das andere kann helfen.

Auch beides kann manchmal helfen.

Manchmal hilft es, gar nichts zu ändern.

Nun wünsche ich Ihnen und Ihrer Familie Spaß beim Experimentieren – und dabei immer mehr Verständnis für sich selbst und die anderen. Es gibt so viel Schönes und Bedeutungsvolles im Leben. Dies zu entdecken ist beglückend. Gemeinsam. Immer wieder neu.

Weiterführende Literatur und Links

Weiterführende Literatur

Asen, E. (2008): So gelingt Familie. Hilfen für den alltäglichen Wahnsinn. Heidelberg (Carl-Auer).

Bergmann, W. u. G. Hüther (2006): Computersüchtig. Kinder im Sog der modernen Medien. Düsseldorf (Patmos).

Berndt, C. (2013): Resilienz. Das Geheimnis der psychischen Widerstandskraft. München (dtv).

Bleckmann, P. (2012): Medienmündig. Wie unsere Kinder selbstbestimmt mit dem Bildschirm umgehen lernen. Stuttgart (Klett-Cotta).

Bucher, A. A. (2009): Die Psychologie des Glücks. Ein Handbuch. Weinheim/Basel (Beltz).

Conrad, T. u. C. Timmel (2012): Ängsten gelassen begegnen. Achtsamkeitsmeditationen für Kraft, Mut und Zuversicht. Heidelberg (Carl-Auer).

Fromm, E. (1956): Die Kunst des Liebens. München (Ullstein TB), 69. Aufl. 2010. [am. Orig.: The Art of Loving. New York (Harper and Row)]

Fromm, E. (1979): Haben oder Sein. München (dtv), 6. Aufl. 1980.

Fromm, E. (1991): Von der Kunst des Zuhörens. Ulm (Ullstein TB), 2. Aufl. 2007.

Furman, B. (2005): Ich schaff's. Heidelberg (Carl-Auer).

Haeusler, T. u. J. Haeusler (2012): Netzgemüse. Aufzucht und Pflege der Generation Internet. München (Goldmann).

Hipeli, E. (2014): Medien-Kids. Bewusst umgehen mit allen Medien – von Anfang an. Zürich (Beobachter-Edition Springer).

Hüther, G. (2001): Gebrauchsanleitung für ein menschliches Gehirn. Göttingen (Vandenhoeck & Ruprecht).

Hüther, G. u. H. Renz-Polster (2013): Wie Kinder heute wachsen. Ein neuer Blick auf das kindliche Lernen, Fühlen und Denken. Weinheim/Basel (Beltz).

Juul, J. u. P. W. Lauritsen (2012): Frag Jesper Juul. Gespräche mit Eltern. Weinheim/Basel (Beltz).

Kübler-Ross, E. u. D. Kessler (2003): Geborgen im Leben. München (Knaur).

Meckel. M. (2007): Das Glück der Unerreichbarkeit. Wege aus der Kommunikationsfalle. Hamburg (Murmann).
Möller, C. u. V. Blaschke (2013): Computersucht. Was Eltern tun können. Paderborn (Schöningh).
Powers, R. (2002): Schattenflucht. Frankfurt a. M. (S. Fischer).
Schad, A. (2012): Kinder brauchen mehr als Liebe. Klarheit, Grenzen, Konsequenzen. Heidelberg (Carl-Auer).
Scholz, D. (2014): Systemische Interventionen bei Internetabhängigkeit. Heidelberg (Carl-Auer).
Taylor, C. (2009): Ein säkulares Zeitalter. Frankfurt a. M. (Suhrkamp).
Te Wildt, B. (2015): Digital Junkies. Internetabhängigkeit und ihre Folgen für uns und unsere Kinder. München (Droemer).

Weiterführende Links

Allgemeine Informationen

www.klicksafe.de
www.internet-abc.de
www.schau-hin.info
www.zappen-klicken-surfen.de
www.handysektor.de

Chat/Social Networks

www.chatten-ohne-risiko.net
www.watchyourweb.de
www.chatiquette.de

Ratgeber/Hilfeangebote

www.familienhandbuch.de
www.elternimnetz.de
www.ins-netz-gehen.de
www.spieleratgeber-nrw.de
www.bzga.de
www.aktiv-gegen-mediensucht.de

Kinderschutzsoftware

www.salfeld.de
www.kinderserver-info.de
www.netzwelt.de

Die angegebenen Internetseiten bieten einen guten Einstieg in das jeweilige Thema und enthalten oft eine Reihe weiterer Verlinkungen. Die erstgenannte Seite www.klicksafe.de erläutert und verlinkt beispielsweise u. a. Kindersuchmaschinen wie fragfinn.de und gibt ausführliche Hinweise zum Jugendschutz (jugendschutz.net).

Über den Autor

Detlef Scholz, Dr. phil.; Erziehungswissenschaftler, Systemischer Therapeut (SG), Medienpädagoge, Psychologischer Berater; Leiter des Kompetenzzentrums und der Beratungsstelle für exzessive Mediennutzung und Medienabhängigkeit der ESMV in Schwerin; landesweit für die Weiterbildung von Beratern, Therapeuten und Pädagogen im Bereich Internetsucht zuständig; bundesweite Referenten- und Dozententätigkeit.

Arbeitsschwerpunkte: Einzeltherapie und -beratung, Familienberatung, Paarberatungen, Weiterbildung von Suchtberatern und anderen Fachkräften, Durchführung von Lehrerfortbildungen; Präventionsveranstaltungen für Eltern, Schüler und Jugendgruppen. Publikation u. a.: *Systemische Interventionen bei Internetabhängigkeit* (2014).